OLD TOWN TOUR
OF JAPAN

日本懷古
城鎮散步

瑞昇文化

序言

一整排的武家屋敷是充滿歷史浪漫風情的城下町。

山中村落則讓人感受到日本的傳統風景。

日本還留有許多城鎮能夠讓人接觸到那些過往歷史。

出了火車站稍微步行一段路，展現在眼前的是宿場町（譯註：驛站城鎮）和藏造（譯註：防火建築）街道。稻草屋頂的房舍們在山間那狹窄的平地比肩、沿著自河流引流而來的水路靜靜佇立著。

照片：大內宿（福島縣）

身處在那個空間當中，便能夠感受到自古以來一路繼承下來的文化以及生活。

接著稍微環顧四周，還有匯集整理歷史的資料館、以及復古又惹人憐愛的咖啡廳或餐飲店——。

想看看那些懷舊風景而特地出門也好，或者稍微路過一下體驗略略不同的旅途風情也不錯。

還請使用本書盡情享受懷古城鎮之旅。

時代川流不息，人們的生活也隨之逐漸改變，但在劇烈變化的社會當中，還是有一些不曾改變的東西。

在留存過往樣貌的城鎮當中散步，必定能親身感受到兩者各自的美好吧。

序言……2

CHAPTER 1

九州・沖繩

KYUSHU / OKINAWA

門司港（福岡縣北九州市）……8
臼杵（大分縣臼杵市）……10
大川内山（佐賀縣伊萬里市）……14
椎葉村（宮崎縣椎葉村）……16
柳川（福岡縣柳川市）……18
竹富島（沖繩縣竹富町）……22
肥前濱宿（佐賀縣鹿島市）……24
日田（大分縣日田市）……26
神浦（長崎縣平戶市）……27
杵築（大分縣杵築市）……28
黒川温泉（熊本縣南小國町）……30
﨑津（熊本縣天草市）……31
專欄 關鍵字是「重傳建」……32

CHAPTER 2

中國・四國

CHUGOKU / SHIKOKU

倉敷（岡山縣倉敷市）……34
尾道（廣島縣尾道市）……38
津和野（島根縣津和野町）……40
萩（山口縣萩市）……42
琴平（香川縣琴平市）……44
脇町（德島縣美馬市）……46
吉良川（高知縣室戶市）……50
內子（愛媛縣內子町）……52
鞆之浦（廣島縣福山市）……54
温泉津（島根縣大田市）……58
倉吉（鳥取縣倉吉市）……60
專欄 維護歷史文化性質城鎮的措施……62

CHAPTER 3

近畿

KINKI

伏見（京都府京都市）……64
伊根（京都府伊根町）……68
近江八幡（滋賀縣近江八幡市）……70
今井町（奈良縣橿原市）……72
湯淺（和歌山縣湯淺町）……76
長濱（滋賀縣長濱市）……78
吹田（大阪府吹田市）……80
出石（兵庫縣豐岡市）……82
平福（兵庫縣佐用町）……84
室津（兵庫縣龍野市）……85
富田林（大阪府富田林市）……86
專欄 小京都與小江戶……88

CHAPTER 4

東海・北陸

TOKAI / HOKURIKU

白川鄉（岐阜縣白川村）……90
郡上八幡（岐阜縣郡上市）……92
高山（岐阜縣高山市）……96
伊勢（三重縣伊勢市）……98
常滑（愛知縣常滑市）……100
高岡（富山縣高岡市）……102
有松（愛知縣名古屋市）……104
井波（富山縣南礪市）……106
下田（靜岡縣下田市）……108
關宿（三重縣龜山市）……110
五箇山（富山縣南礪市）……114
白峰（石川縣白山市）……116

CHAPTER 5

關東・甲信越

KANTO / KOUSHINETSU

奈良井（長野縣鹽尻市）…… 118
川越（埼玉縣川越市）…… 120
佐原（千葉縣香取市）…… 122
赤澤宿（山梨縣早川町）…… 124
真壁（茨城縣櫻川市）…… 126
桐生（群馬縣桐生市）…… 128
鹽澤（新潟縣南魚沼市）…… 132
栃木（栃木縣栃木市）…… 134
小布施（長野縣小布施町）…… 136
妻籠（長野縣南木曾町）…… 138
專欄 以江戶時代旅人的心情 自妻籠宿前往馬籠宿 …… 140

CHAPTER 6

北海道・東北

HOKKAIDO / TOHOKU

小樽（北海道小樽市）…… 142
角館（秋田縣仙北市）…… 144
弘前（青森縣弘前市）…… 146
大內宿（福島縣下鄉町）…… 148
黑石（青森縣黑石市）…… 150
酒田（山形縣酒田市）…… 154
喜多方（福島縣喜多方市）…… 156
村田（宮城縣村田町）…… 158
銀山溫泉（山形縣尾花澤市）…… 159

插圖地圖標誌示意圖

- 停車場
- 洗手間
- 租借腳踏車
- 遊客觀光中心
- 餐飲店
- 重要建築物
- 重要建築物群
- 市公所、鎮公所
- 巴士站牌
- 教會
- 旅館
- 城
- 火車站
- 公車轉運站
- 港口
- 博物館、資料館、美術館等
- 寺廟
- 神社
- 瞭望台
- 拍照點
- 觀光景點

※地圖當中的頁數為接近該處風景的照片。另外 1 2 （照片號碼）則是照片的觀光景點位置。

各頁城鎮圖示

- 重要傳統建築物群保存區域（參考p.32）
- 小京都（參考p.88）
- 小江戶（參考p.88）

開心於各城鎮散步的要點

- 散步的時候建議穿著容易步行的鞋子、並且準備水分補給用品。
- 本書當中介紹的城鎮是當地居民日常生活的地方。還請遵守散步及攝影的禮儀。
- 設施及店家營業日、營業時間、造訪規則等可能會由於社會情勢等因素而臨時或無預警變更，造訪時還請確認當日狀況。
- 各頁上的ACCESS資料僅為代表性之交通方式。需要時間為約略評估。

chapter

1

九州・沖繩

KYUSHU / OKINAWA

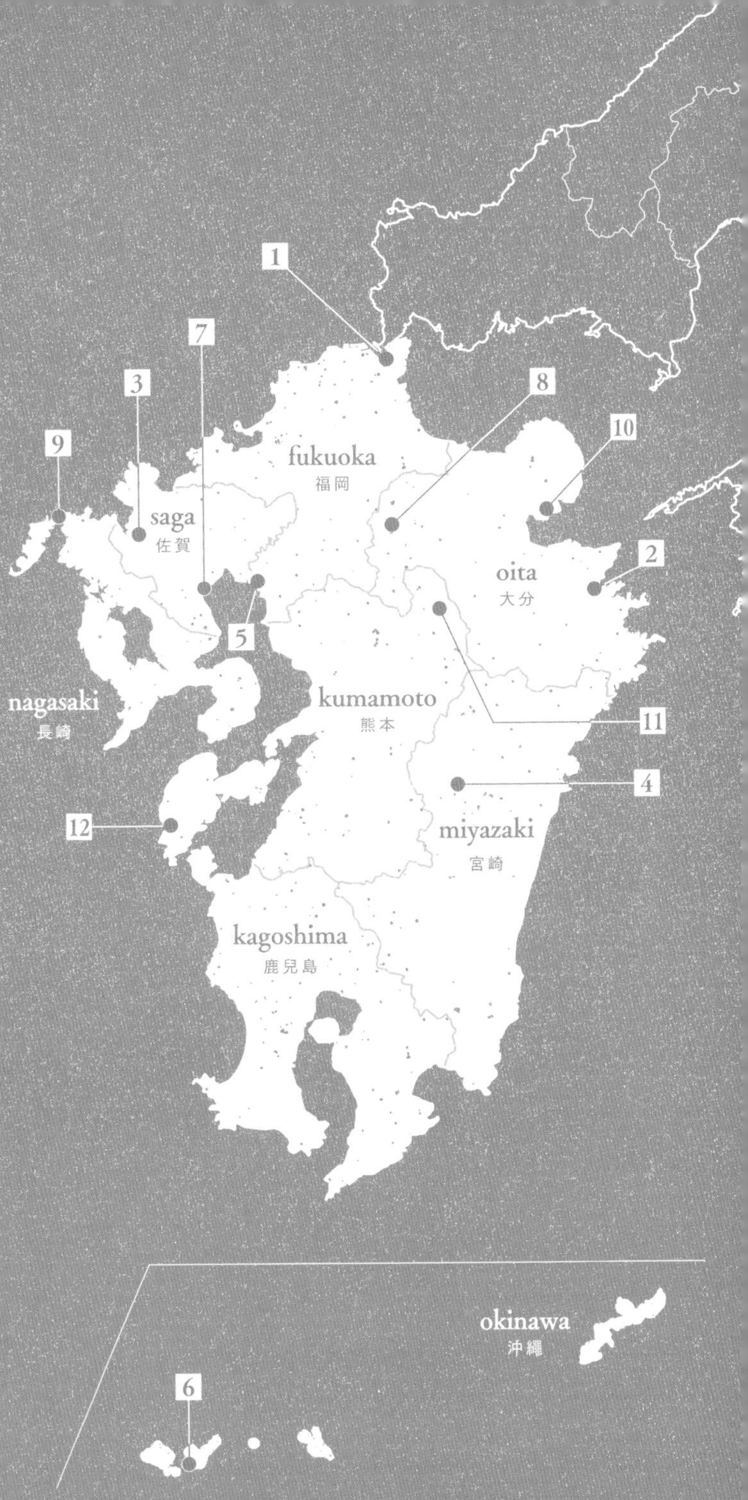

1 門司港 8
2 臼杵 10
3 大川内山 14
4 椎葉村 16
5 柳川 18
6 竹富島 22
7 肥前濱宿 24
8 日田 26
9 神浦 27
10 杵築 28
11 黑川溫泉 30
12 崎津 31

福岡縣
Fukuoka

日本三大港之一 融合復古與摩登

北九州市

門司港

門司與橫濱、神戶在歷史上並列為國際貿易港，自明治至昭和初期是對外國的玄關，處處打造了許多紅磚建築物。新文藝復興風格的門司港車站建築修復以後，便成為第一個被國家指定為重要文化財的鐵路車站建築。以火車站為中心在四處散步，隨處皆是散發出摩登風格氛圍的景色。

最推薦的散步路線是一邊觀賞「舊門司三井俱樂部」、「舊

舊大阪商船

全長約108公尺，每天會升起6次的日本最大步行者專用釣橋「藍翼橋」。眺望橋的另一邊，正是現代與復古並陳的街道。

大阪商船」等景點，同時以門司港復古建築為中心的區域。跨越釣橋繼續走向「舊門司稅關」的話，就能一邊往車站走回去、同時在「海峽PLAZA」享用一些當地美食也很棒。

1 昭和初期為門司港社交場所的木造三層樓建築料亭「三宜樓」。二樓的大廣間是沒有柱子的百坪房間，非常豪華。2 大正3年開始營業的門司港火車站。在這新文藝復興樣式的木造車站下車，馬上充滿懷舊氣氛。

must

在發祥之地享用燒咖哩

據說是在昭和30年起源於咖啡廳的名產，是將起司與雞蛋放在咖哩飯上再用烤箱烤過的熱騰騰料理。在復古地區內有超過20間店面能品嚐這道料理。

如果有一整天空閒便能夠好好逛逛，建築物點燈時間也非常值得一看。住一個晚上盡情享受浪漫氣氛也很棒。

ACCESS 由門司港車站開始散步。前往門司港站：新幹線 小倉站搭乘鹿兒島本線約15分鐘。新幹線 博多站搭乘鹿兒島本線約1小時50分鐘。空路 自福崗機場搭乘直達巴士約1個半小時；或搭乘地下鐵約6分鐘至博多站。空路 自北九州機場搭乘巴士約30分鐘抵達小倉站。INFO 門司港復古區綜合服務中心 TELL 093-321-4151 HP www.kanmon-kaikyo-museum.jp

臼杵市

臼杵

留存古地圖樣貌的街道
基督教大名的城下町

散步路線中心「二王座歷史之道」。凝灰岩製成的石板排列得整齊而美麗。

此處是以基督教大名聞名的大友宗麟建築的臼杵城為中心，隨著時代演變仍然持續發展的歷史文化城鎮。由臼杵市教育委員會保留的貴重資料看來，現在仍然維持江戶時代初期過往街道劃分的樣貌，使人感受到當時的熱鬧。

非常遺憾的是臼杵城本身只留下一部分城櫓、庭園和石牆，但是街道上的建築物保留了非常多。神社寺廟、商家及武家屋敷等相連的石板路，給人一種活力十足的當時人似乎就要冒出來的氣氛。在南蠻文化以及基督教文化以後，江戶末期也聚集了許多造酒屋、味噌及醬油等釀造業、港務店家等。此地時下風格的咖啡廳或時髦的店家較少，魅力就在於傳統老派的氛圍。尤其是喜歡歷史的人，應該無法抗拒此處。

同時此處也能夠接觸到更加古老的石造物文化。平安末期到鎌倉時代由於阿蘇山大型噴發堆積起許多凝灰岩，匠人們抱持著祈禱之心將其雕刻為許多石佛。這些被列為國寶的貴重石佛讓人心靈平靜。

1 江戶時代繁榮的稻葉家下屋敷水路裡有著悠然游水的鯉魚。2 共有61尊石佛被指定為國寶，日本最具代表性的石佛群，自臼杵站搭計程車約15分鐘可達。3 臼杵城址是市民休息的場所。春天的櫻花非常壯觀。

臼杵有許多切通（譯註：削切山谷打造）的街道。往前走去接二連三出現在眼前的屋簷瓦片也非常豪華。

散步可以選擇2小時以內逛完此城鎮的路線、或者花費2小時連同臼杵石佛一起逛完、也有與義工解說員同行的4小時散步行程，可以配合時間、體力以及自己的興趣來選擇。這兒還有溫泉、以及由於豐後水道嘉惠得以捕到的海產等，其他能夠享受的事物也非常多樣化，因此也建議可以來此兩天一夜。下過雨後石板會閃著柔和的光芒，飄盪著難以言喻的風情……。是讓人忍不住希望能下點雨的街道。

point

自1400年前延續至現今的夢幻祭典

11月舉行的「臼杵竹宵」是祭拜臼杵石佛打造者相關的夜晚祭典。那精心打造的竹燈籠搖擺著光點的景色令人目眩神迷。

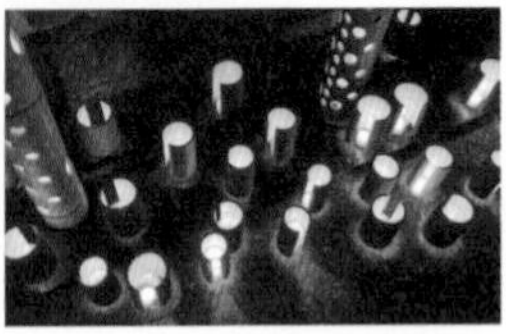

這兒有義工解說員和免費借用的腳踏車等，是盡力招待前來散步觀光客的城鎮。

must

俯視石板道路美景

位於「二王座歷史之道」的舊真光寺二樓是免費休息處。從窗戶望出去的風景可是絕無僅有，過門而不入就太可惜了。

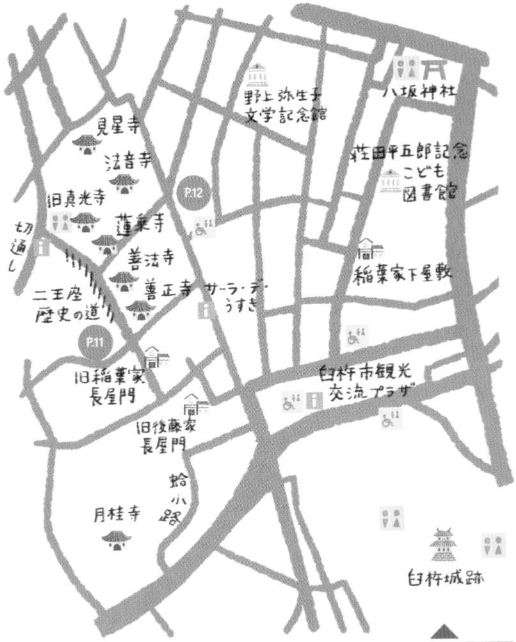

可以拍照的景點非常多，訂立旅行計畫時請保留充裕時間。可以先到觀光交流廣場取得介紹手冊和地圖之後再來安排。

1 由於本藩財政困難而催生的鄉土料理「KIRASUMAMESHI」是將剩下來的生魚片灑上豆渣，藉此增量的料理。2 江戶時代末期建造的釀酒屋「久家本店」酒藏。牆面上有代表基督教文化的阿茲勒赫瓷磚畫（葡萄牙的裝飾磁磚）。3 過往守備穩固的臼杵城俯瞰著城鎮。4 石佛公園的古代蓮開花季節在7～8月。開花期自早上六點起便有活動。5 進入小巷當中也有許多過往氛圍十足的街道。6 提到大分縣便讓人想到河豚。豐後水道的紅鰭東方魨具備日本數一數二的口味及鮮度。

3

2

1

6

5

4

ACCESS 自臼杵站徒步約10分鐘可達散步區。前往臼杵站：自大分站搭乘日豐本線約45分鐘可達。前往大分站：新幹線 小倉站搭乘日豐本線特急約1個半小時。空路 自大分機場搭乘巴士約1小時可抵達大分站。INFO 臼杵市公所招待觀光課 TELL 0972-63-1111 HP www.city.usuki.oita.jp/categories/kanko

伊萬里市

大川內山

被瓷器包圍的散步路線
有如山水畫般的秘窯之里

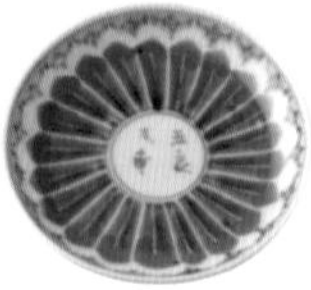

自伊萬里站搭車約15分鐘可抵達大川內山區域。這裡緊鄰17世紀初期日本瓷器歷史起源的有田地區，是鍋島藩為了生產高級瓷器而特別建造的城鎮。必須通過關所才能進入，這是為了不讓優秀的師父離開這兒而進行管理，好讓他們能夠持續製造瓷器。

大路面對那陡峭的岩山，其名為鍋島藩坂窯通，如其名所述這條路上有大約30間燒瓷窯，現在也還留存著當時景色。

橋邊的欄杆以及公園的椅子等處也都裝飾有美麗的瓷器。

踩著石板路、窺視著一旁的窯房，走到盡頭便是鍋島藩窯公園，能見到一座座整齊排列的窯。再繼續往山坡上走5分鐘左右能抵達瞭望台。從這兒放眼望去是緊密排列的瓦房及到處高起的煙囪，將秘窯之里一覽無遺。

1 鍋島藩窯坂上最吸引人目光的便是青山窯的煙囪。在這條緩坡路上兩邊都是窯房，有時也會隨意放著瓷器。2 在留有懷古光景的大川內山中也非常貴重的登窯（左岸）。正因為需要手工上難度非常高的技術，因此才能打造出有深度的作品。

point

也有嶄新的咖啡廳及住宿設施

國外來的觀光客增加以後，大川內山也越來越多能夠輕鬆進入的觀光設施。有一些以伊萬里燒器皿提供餐點的咖啡廳、可以體驗窯烤器皿的景點等。一家人一起將古民家整修重生的「basecamp伊萬里」是很多人一去再去的咖啡廳＆民宿。

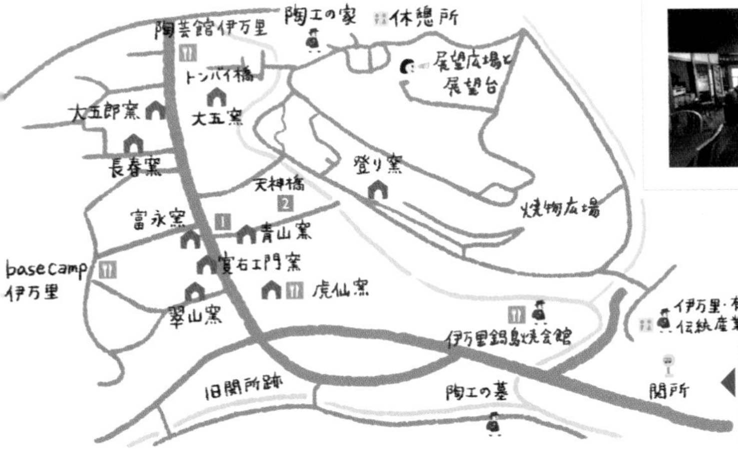

主要道路只有一條。從巴士站到瞭望台來回大約是1個小時。大概花半天能夠好好看看燒窯工房、喝個茶，悠哉度過。

ACCESS 從伊萬里站搭巴士約20分鐘會抵達散步區域。前往伊萬里站：新幹線 博多站搭乘長崎本線特急約1個半小時至有田站後，轉乘松浦鐵路西九州線約25分鐘。博多站到伊萬里站有旅途約1小時的直達巴士。空路 自福岡機場搭乘地下鐵約6分鐘抵達博多站。空路 自佐賀機場搭乘巴士約35分鐘抵達佐賀站後轉搭長崎本線特急約40分鐘抵達有田站。INFO 伊萬里市觀光課 TELL 0955-23-2110 HP www.city.imari.saga.jp/kanko

宮崎縣
Miyazaki

椎葉村

椎葉村

據說由平家沒落後人開拓 繼承傳統的隱密村里

位於宮崎與熊本縣境、立於大自然當中的秘境之里。雖然是小小的村落，但有著據說是在17世紀便撰寫成的《椎葉山由來記》，當中記載著以平家沒落之人為首開發此地的獨特歷史。這兒有著「椎葉神樂」、狩獵文化及勤於農業之人的勞動歌「稗搗節」、梯田等傳統祭典及生活方式，有許多人對這些非常感興趣，來訪的人也因此增加。

另外也有導覽、鄉土料理體驗、山中瑜珈、山菜學校等各種體驗型企劃。周邊沒有車站、因此比較不容易抵達，但是村內有好幾間住宿設施。建議可以留宿此處參加各種體驗、好好享受歷史與大自然。

此處民家的獨特的建築樣式被稱為椎葉型，利根川聚落保留了此類民宅與馬房、倉庫、石牆等一起構成的街道。

將烤好的麻糬放入茶中享用的「切餅」是椎葉居民日常的甜點。也有很多能夠坐在地爐邊享用餐點的店家或住宿處。

1 位處山中的土地有許多坡道，到處都是古老卻非常完善的石梯。2 被指定為國家重要文化財的鶴富屋敷。由其獨特的椎葉形式及建築技術判斷是約300年前的建築物。3 彷彿沿著山邊拓展開的生活聚落維持著與自然共存的生活方式。

point

農耕文化的原點仍存在

椎葉村的主食是狩獵的獵物以及稗和蕎麥等農作物。他們並未使用肥料或農藥，一直都採用燒田農業。在8月上旬向山神祈禱並燃燒田地的儀式是農耕文化的原點。栽培4年以後要等到20年左右讓土地恢復。

ACCESS 日向市站前搭乘公車約2個半小時可達椎葉村公所，可於此處拿到最新的資訊以及商量路線之後再開始散步。前往日向市站：新幹線 小倉站搭乘特急約4小時。空路 自宮崎機場搭乘JR約15分鐘或巴士25分鐘抵達宮崎站轉乘日豐本線特急約45分鐘抵達日向市站。INFO 椎葉村觀光協會 TELL 0982-67-3139 HP www.shiibakanko.jp

到處都有令人感到懷舊的木橋。映照在水面上的景色會隨著季節及時間而轉變，不管來幾次都有新鮮感。

福岡縣
Fukuoka

柳川市

柳川

在DONKO舟上搖搖擺擺 因運河而為人所知的水鄉

特產蒸鰻魚飯

柳川是個城下町，同時是文豪所愛之地。1600年代由立花氏成為藩主，建好城以後挖掘許多溝渠包圍城體。之後柳川藩成長為10萬9000石的城下町，繁榮一時的風情仍留存於現今的街道。除了白牆建築物及藩主的別墅等讓人能身處歷史氛圍的景點以外，在民家後方也有取水場、讓人感受到人們與水共同生活的氣氛。

散步城鎮的據點是距離車站10

1 城鎮中有大大小小的水門。柳川城堀的水門實在豪華。2 藩主立花氏的宅邸目前是「御花・松濤園」，為提供參觀、住宿、用餐等服務的設施。

輕撫兩岸搖擺的柳葉，乘船而下約1小時左右。船夫的解說也都非常有個性。

嶄新住宅與古老宅邸共存，維護水道而居的生活是這個城鎮的基本。

分鐘左右的埠頭。這兒將泛舟用的小船稱為「DONKO舟」，還請務必體驗乘船而下的旅程。由埠頭緩緩隨波逐流、從水面上觀覽城鎮。終點站周邊有「御花．松濤園」和「北原白秋生家」等景點，還請前往有興趣之處，再從日本街道百選的路徑回到車站吧。

明治時代釀造味噌的「並倉本舖」在此地建造了紅磚瓦倉庫，更為此處增添風趣。堂堂矗立在內堀與外堀分歧點的味噌倉庫自

創業140年至今仍繼續運作中。

可以好好品嚐將蒲燒鰻放在白飯上拿去蒸的特產，其名也是「柳川」；或者在使用古老建築改造的咖啡廳中悠然休息。以北原白秋為始，這兒是許多文豪喜愛之處，就讓思緒與他們的旅思一同飛翔。

柳川城號稱「由普通將領守城能維持一年；名將守城則能三年不被攻陷」，支撐其堅固名號的便是遍地縱橫的水道。

▍1 在有明海的開拓地上約有50萬株向日葵盛開的「柳川向日葵園」，是只要時期適當就非常推薦繞過去看看的景點。▍2 泛舟旅遊是從昭和20年左右開始。描繪北原白秋少年時代的電影「枳之花」使此處一口氣晉升為福岡縣最具代表性的觀光景點。

point

祈禱女孩成長康健

自江戶時代末期起，就會在女孩子第一次過節時使用布邊來做小東西作為慶祝，最初是吊掛在女兒節祭壇旁的「SAGEMON」。每個裝飾品都有自己的意義，是非常吉祥的東西。最特別的是各自成為一個袋子可以裝進東西。

若自乘船而下的旅途終點開始散步，走快一些大概需要花費半天。因為景點和餐飲店都很多，如果時間比較寬裕，建議悠哉排一整天的行程。

ACCESS 西鐵柳川站徒步約10分鐘可達乘船埠頭，由該處開始散步。前往柳川站：新幹線 博多站搭乘地下鐵約5分鐘抵達西鐵福岡（天神站）轉乘西鐵天神大牟田線特急約50分鐘。空路 自福岡機場搭乘地下鐵約10分鐘抵達天神站。 **INFO** 柳川市觀光協會 **TELL** 0944-74-0891 **HP** www.yanagawa-net.com

沖繩縣
Okinawa

竹富町

竹富島

緩緩流動的島嶼時間
煉瓦色的房舍映照在海面

這個島嶼以海洋美景及星砂海岸而聞名、是個療癒之島，但其實也是個有著傳統建築物的貴重之地。保護著由石牆包圍的紅色煉瓦屋舍建築物的是風獅爺。每家每戶並無玄關，建築物必須直接從緣廊出入，是一種開放式結構。共有東屋敷、西屋敷、中筋三個聚落，全都維持著傳統建築樣式、醞釀出和平氛圍。此處地形並無起伏，因此要在島上逛的話，除了徒步以外，租借腳踏車使用也非常方便。從石垣島過來非常近，因此不住宿也能夠逛完島內，不過在島上住一晚玩玩海水、享受滿分星空也很棒。

綠色樹木作為防風林的同時也充滿野趣，與石子堆疊的石牆、煉瓦屋頂在強烈的陽光下打造出獨特的風景。

九重葛花與屋頂上的風獅爺是固定搭檔。石牆當中還有一道牆，是用來阻擋視線以及驅魔的。

1 令人目眩神迷的藍色海洋，還請務必在那向前延伸的西棧橋上觀賞夕陽。2 建築物有著統一感，雖然是非常具獨特風格的建築，卻給人一種懷舊感。3 使用竹子及木材等自然材料打造而成的房舍能夠散去暑熱，也具備能夠在颱風中仍保穩固的強悍。

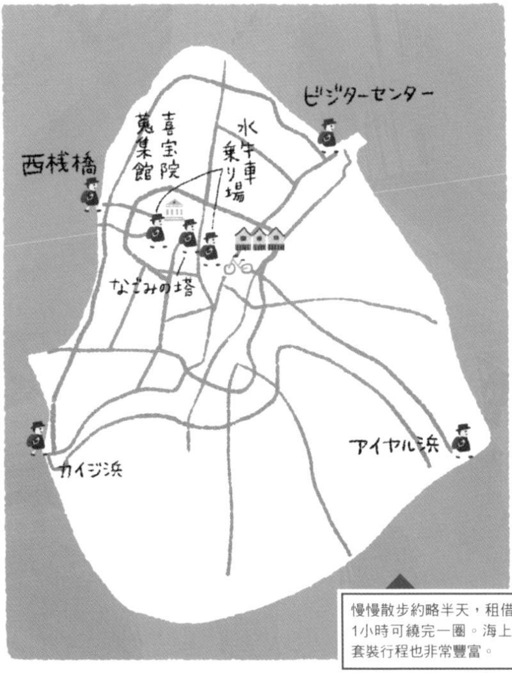

慢慢散步約略半天，租借腳踏車大約1小時可繞完一圈。海上活動等相關套裝行程也非常豐富。

point

比散步更悠哉

在沖繩的離島上可以看到悠哉往來的水牛牛車。與其說是交通方式，這個交通工具比較傾向於觀光用途，有些導遊還會一邊演奏三弦琴、唱著沖繩民謠給旅客欣賞。一般行程大約是1200日幣30分鐘左右。

ACCESS 自下船處步行到聚落大約20分鐘。前往竹島埠頭：自石垣機場搭乘巴士30～50分鐘至石垣離島交通總站。各種船隻約15分鐘抵達。空路 自羽田機場約3小時可抵石垣機場。自那霸機場約1小時抵達石垣機場。INFO 竹富町觀光協會 TELL 0980-82-5445 HP painusima.com

佐賀縣
Saga

鹿島市

肥前濱宿

酒藏與稻草屋頂的町家 同時欣賞兩種面貌的街道散步

河口城鎮肥前濱宿前方即為有明海，自古以來就是個繁榮的宿場町。江戶時代甚至被稱為是鹿島藩最大的城鎮，現在也還留有那種氣氛。

自江戶至昭和，以酒及醬油等釀造業為中心發展起來的酒藏通、以及漁業非常興盛而繁榮的稻草屋頂聚落，這兩種風情緊鄰因而能在一天內同時欣賞，正是此處的魅力。再多走些路就能抵達國外觀光客也非常喜愛的祐德稻荷神社。由古民家或酒藏改建的觀光設施及住宿設施也非常多，因此也很推薦留宿此處好好逛逛。

被稱為「酒藏通」的濱中町八本木宿地區。約六百公尺長的道路兩邊都是白牆建築物、酒藏及武家屋敷等。

具有歷史價值的建築物以及懷舊漁夫城鎮的氛圍，連綿的酒藏能夠參觀、也可以試喝。

1 左邊第2間被藏造建築包圍的薄荷綠西洋風格建築是舊濱郵局。目前是用來作為八宿公民館。2 武家屋敷舊乘田家。原先是侍奉鹿島鍋島藩的最所家宅邸，為本市重要文化財。3 日本三大稻荷之一的祐德稻荷神社，從肥前濱宿搭乘巴士約30分鐘可抵達。華麗的社殿及千本稻荷曾出現在泰國的連續劇當中，是非常受到外國人觀光客歡迎的景點。

point

找到喜歡的那瓶

從前大約有15間釀酒屋，目前市內剩下4間。有些酒藏可以參觀或試喝、或者現買現喝，請試著尋找自己喜歡的口味。也有「酒祭」或者「連喝」活動，是個有許多酒類甜點等日本酒各種享用樂趣的城鎮。

ACCESS 所有散步區域都從肥前濱站步行約7分鐘可抵達。前往肥前濱站：佐賀站搭乘長崎本線約40分鐘。新幹線 博多站搭乘鹿兒島本線特急約1小時至肥前鹿島站轉搭長崎本線約5分鐘。空路 自佐賀機場搭乘巴士約35分鐘抵達佐賀站。INFO 鹿島市觀光協會 TELL 0954-62-3942 HP https://saga-kashima-kankou.com

大分縣
oita

日田市

日田

身為天領而繁榮的商家城鎮 在棋盤街道中拜訪各倉庫

酒藏資料館

日田是被群山包圍的盆地，過往曾是江戶幕府直轄的天領，市內中心有三隈川流過，是個水鄉城市。環繞此街道可以從仍留有天領時代面貌的豆田區域作為起點。這裡聚集了從前被稱為掛屋的幕府及諸藩公費出納相關業者，當時的行政劃分及水路現在也還留存在民眾日常生活當中。「日田天領雛祭」的傳統活動目前也仍會聚集許多人前來。改為和菓子店及咖啡廳等的商家也非常多，能夠在欣賞建築物的同時享受購物及品茶的樂趣。

天領日田資料館所在的豆田區域大概花半天左右可以逛完歷史性建築物。如果還想觀覽車站另一邊的水鄉區域及隈町，則要花費一天。

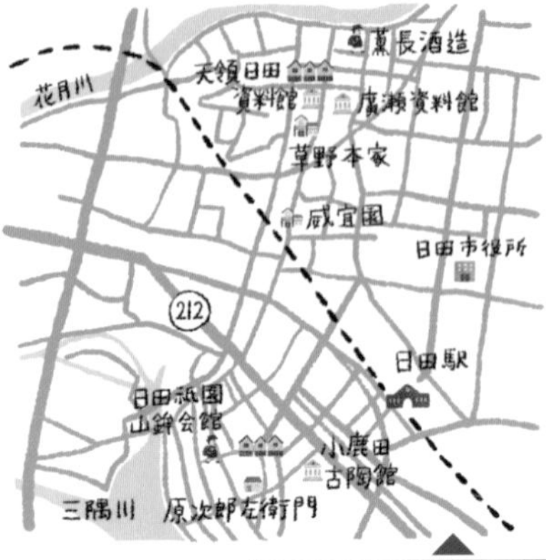

街上到處矗立著藏造建築，可能是一如過往的燒酒酒藏，或者更新過後作為觀光設施使用。

目前仍留有長屋造及黑石灰漆的建築物等町家、商家及武士之家，是非常貴重的地區。

ACCESS 自日田站徒步約15分鐘可抵達散步區域。前往日田站：新幹線 久留米站搭乘久大本線約1小時10分鐘。或自博多站搭乘高速巴士約1小時40分。新幹線 博多站搭乘鹿兒島本線約1小時可達久留米站。空路 自福岡機場搭乘高速巴士約1小時15分可達日田。或搭乘地下鐵約6分鐘抵達博多站。INFO 日田市觀光協會 TELL 0973-22-2036 HP www.oidehita.com/

長崎縣
Nagasaki

平戶市

神浦

腕木使人感受到歷史
停留在離島的江戶時代

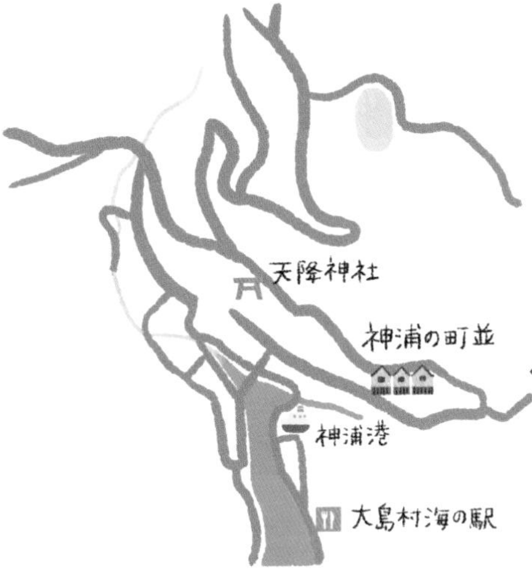

街道本身只要30分鐘就能逛完。如果還想看看其他地方，可以前往周邊的神社寺廟、或者到「海之站」品嚐新鮮的海產。

由平戶島繼續乘船來到的山大島，這裡自江戶時代起就是捕鯨之島。人們以神浦為中心，進行漁業、海運、水產加工等居住在此，當時的街道仍留存至今。木造建築包圍港口比肩而鄰，由那自柱子突出、支撐屋頂的腕木可以看出各戶的獨家堅持。有如回到當時的氛圍能使人更加提振散步心情。

雖然是非常小的島嶼，但也越來越多相當有氣氛的質樸住宿場所，可以好好留宿此地。

1 使人感受到時代氛圍的木造建築並陳的景觀讓人心生懷古之情。2 本島東北部以絕景聞名的「大賀斷崖」。

駐紮於生活當中、支持島民生活的店家現在仍然營業中。

ACCESS 自平戶棧橋搭乘快艇約30分鐘到神浦港後徒步5分鐘。前往平戶棧橋：由佐世保站搭乘巴士約1小時20分鐘。或自佐世保站搭乘松浦鐵道快速約1小時抵達田平平戶口站後轉巴士10分鐘。前往佐世保站：新幹線 博多站搭乘鹿兒島本線特急約2小時。空路 自長崎機場搭乘巴士約1個半小時抵達佐世保站。 INFO 平戶市文化觀光商工部 TELL 0950-22-9140 HP www.city.hirado.nagasaki.jp/kanko/

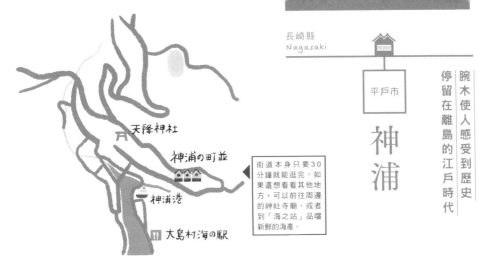

大分縣
Oita

杵築市

杵築

俯視商家的武家高台
最好花一整天好好逛過這坡道城鎮

日本最小的杵築城下是江戶時代有3萬2千石的繁華城下町。南北高台各有武家屋敷，而夾在中間的山谷則發展為商家，是一種三明治式的結構。

保存狀態良好的建築物非常多，不管怎麼拍都像一幅畫。但當然到處都是坡道。要上上下下到處觀覽，對體力沒自信的話可能會有點擔心辦不到？

沒問題的。因為這兒有許多老茶店、和菓子店、新型甜點店、

這兒也有活化石鱟

通往高台處武家屋敷的道路有著宛如穿梭回到江戶時代的氣氛。

資料館和雜貨店等，多的是讓人能邊逛街邊休息的店家和設施。若是時間夠充裕，還請盡情享受逛街醍醐味吧。

1 連接武家屋敷及商店街道的坡道中最受歡迎的「醋屋之坂」。石板路的坡道兩旁是整列土牆的武家屋敷。2 江戶時代末期就一直做茶、目前已是第10代的「茶店TOMAYA」。這棟建築物建造於明治8年，昭和拓寬道路時將整棟房子向旁移動而整棟維持下來。除了販賣茶以外也兼營飲茶店。

point

享用當地自豪的鱧魚料理

此處鱧魚由於品質甚佳，以往幾乎都是對外出售。但最近也開始試著在當地提供鱧魚料理。有蒸的也有火鍋，或者像照片上的「鱧魚三明治」等菜色都可以考慮。

ACCESS 杵築站搭乘巴士約12分鐘至杵築巴士總站開始散步。前往杵築站：新幹線 小倉站搭乘日豐本線約1小時。大分站搭乘日豐本線約35分鐘。空路 自大分機場搭乘巴士約35分鐘。INFO 杵築市觀光協會 TELL 0978-63-0100 HP www.kit-suki.com

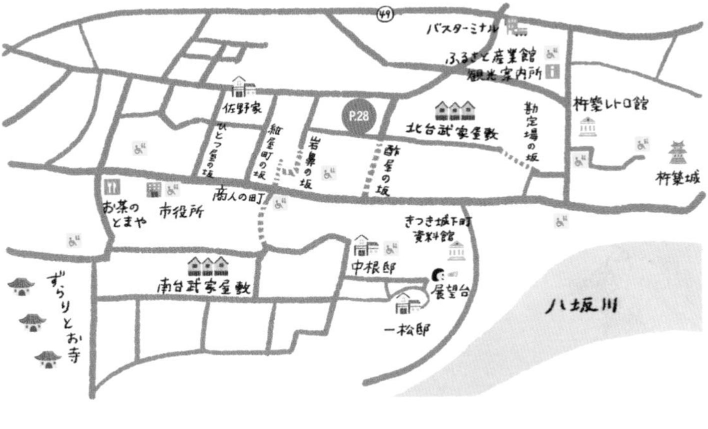

有半天的話可以上下逛商人城鎮與武家道路，享受城鎮氛圍。若有一天的時間則能購物、參觀建築物內部以及前往寺廟等。

基本上應該住一晚，不過若只想悠哉散步溫泉街的話大概是一小時。可以泡不同溫泉、留連咖啡廳、或在周邊山區健行。

熊本縣
Kumamoto

南小國町

黑川溫泉

30幾家溫泉團結一致 復活的秘境溫泉之地

這個秘境比阿蘇更深入山區，位於熊本及大分縣境，就連地方新聞發行的地圖上都沒有這個地方。由於成為秘湯才得以為人所知，但其實在江戶中期時便以溫泉療癒之地聞名。據說到昭和初期時都還是以具備療效聞名、採用半農宿的模式經營。戰後逐漸流失顧客，繼承了住宿處的年輕人們共同摸索嶄新的溫泉鄉模式。在「黑川溫泉一旅館」的帶領下整備整個城鎮，終於讓溫泉鎮得以復活。雖然只住一晚也能享受此地，但很推薦可以連續幾天住不同的旅館加以比較。

1 整體是一間住宿地，因此溫泉鄉內的道路是「走廊」。2 給人夢幻感的「湯燈」是冬季景色。

當地也有能夠逛三間溫泉的「入湯手形」或者能喝三杯飲料的「闊步手形」等招待，若是要在不同旅館連住幾天，也能夠幫客人將行李免費送到下一間旅館，或者視顧客需求提供建議。

ACCESS 前往「黑川溫泉鄉」公車站：新幹線 博多站搭乘高速巴士2小時45分可達。新幹線 熊本站搭乘高速巴士約3小時。自熊本搭乘豐肥本線約40分鐘至肥後大津站轉搭高速巴士約1小時40分。空路 自福岡機場搭乘地下鐵約6分鐘至博多站。空路 自熊本機場搭乘巴士約1小時抵達熊本站。INFO 黑川溫泉觀光旅館協同組合 TELL 0967-44-0076 HP www.kurokawaonsen.or.jp

熊本縣
Kumamoto

天草市

崎津

傳達祈禱的力量 世界遺產簡樸漁村

天草之地由海洋與海灣形成複雜地形美麗景觀。過往這兒是個遭受嚴厲迫害的基督教徒聚集生活的隱密基督教鄉里。由於這樣的歷史及文化，這個城鎮的景觀被指定為世界遺產及國家重要文化財。悠閒的日本漁村風景當中矗立著極為顯眼的尖塔。那是此聚落的象徵——崎津教會，被親暱地稱為「海之天主堂」。「海上的瑪利亞像」矗立在港口突出外側之處，因此只能從海上觀覽，是天草夕景八景之一。

不會讓人感受到其遭受迫害歷史的安穩漁村景色。聚落當中與潛伏此地基督教徒共存的「崎津諏訪神社」也是如此。據說信徒成為此神社的繼承人，於參拜時悄悄向天主祈禱。

以木造哥德式建築為主，有著水泥尖塔、內部則為榻榻米。設計是以教會建築聞名的鐵川與助。

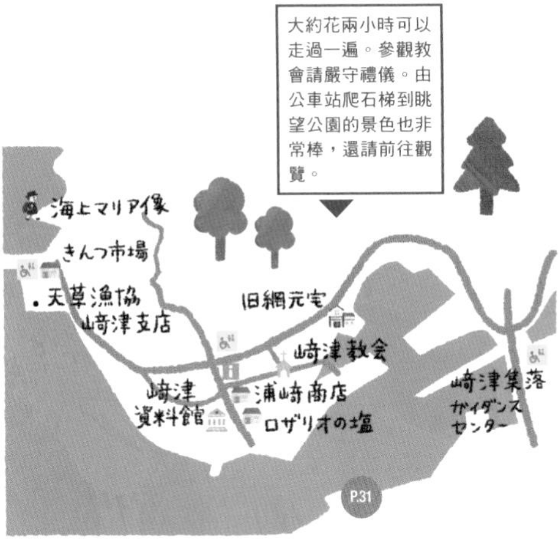

ACCESS 由教會入口巴士站開始散步。前往「教會入口巴士站」：新幹線 熊本站搭乘巴士約2個半小時至本渡巴士中心轉搭巴士約4小時。空路 自熊本機場搭乘巴士約1小時抵達熊本站。 INFO 天草市光觀情報 TELL 0969-23-1111 HP www.city.amakusa.kumamoto.jp

column

關鍵字是「重傳建」

石川縣金澤市／東山東

埼玉縣川越市／川越

茨城縣櫻川市／真壁

想要去懷古風格街道逛逛。這麼想著而查找資料就會經常看到「重傳建」映入眼簾。正式的名稱是「重要傳統式建造物群保存地區」。

這是指日本鄉鎮市區條例當中遴選出的「傳統式建造物群保存地區」當中特別具備歷史及文化價值，由文部科學大臣指定的地區。除了神社寺廟、民家、藏等建築物以外，也包含石牆、水路、墓地、石佛、提案、樹木等人工打造物品或環境物件，也就是不只單純保存文化財本身，而是將整個街道地區都保存下來。

由形成傳統建築物群保存地區當中依據下列三點標準選出：

❶傳統式建造物群保存地區整體建築物在設計概念上非常優秀

❷傳統式建造物群保存地區及該地區維持相當古老的狀態

❸傳統式建造物群保存地區及周邊環境明顯顯示出該地區特色

2019年12月23日時43道府縣100市町村中共有120個地區被選為重傳建。
參考：https://www.bunka.go.jp/seisaku/bunkazai/shokai/hozonchiku/judenken_ichiran.html

chapter

2

中國・四國

CHUGOKU / SHIKOKU

1 倉敷 34
2 尾道 38
3 津和野 40
4 萩 42
5 琴平 44
6 脇町 46
7 吉良川 50
8 内子 52
9 鞆之浦 54
10 溫泉津 58
11 倉吉 60

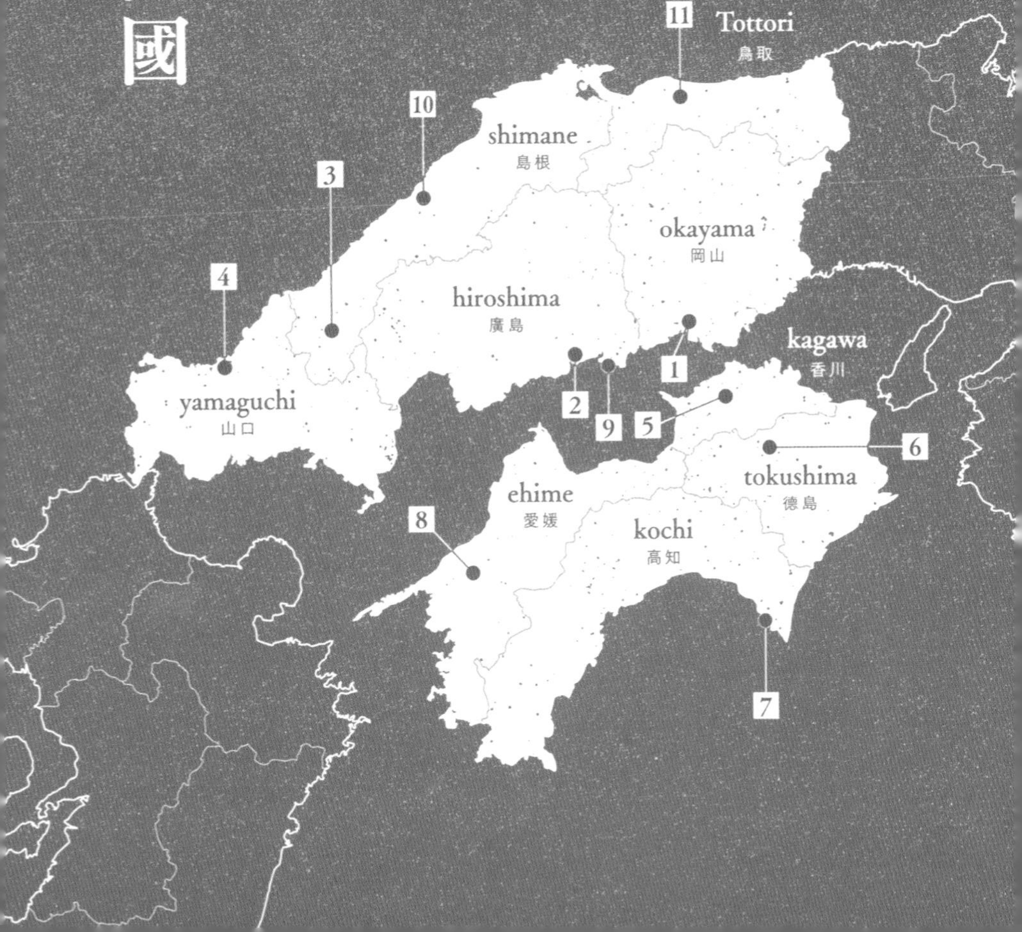

倉敷市

倉敷

身處雅致景觀當中 穿梭「HIYASAI」（小巷）

倉敷在江戶時代隸屬幕府直轄地天領而相當繁榮，城鎮有著使人感受到江戶風情的風雅而非常受歡迎。由於當時此處同時設置了備中（岡山縣西部）、美作（岡山縣西北部）、讚岐（香川縣）的官方單位，因此歷史上也曾為一大都市。另外，現代街道中心被稱為「美觀地區」之處也還留有許多傳統建築物，維持著相當優雅的景觀。

沿著河流建蓋的白色牆面藏造建築、以及倉敷川上的泛舟等都是代表倉敷的美觀地區景色，不可放過，不過只有當地人才會鑽進去的小巷其實也非常有趣。當地將小巷稱為「HIYASAI」，到處都有相當有個性的個人商店、在全國有許多粉絲的隱密名店等。包含咖啡廳、餐飲店、民宿，還有倉敷品牌的帆布包、玻璃杯等等，或許能夠找到在這珍惜造物的土地上才有的好東西。當中也有因為牛仔褲製造活動興盛而出現的丹寧街。

沿著倉敷川有江戶風情老店、也有時髦商店和畫廊等。從旁走過也覺得無比興奮。

1 接連白牆土藏的倉敷美觀通。現在有越來越多藏造建築作為店家或餐飲店使用。2 夜晚的美觀通也非常受到攝影師歡迎。3 白色牆壁與偏白色的屋頂。統一感醞釀出獨特的氣氛。

花日幣五百元就能夠登船的「川舟流」，可以欣賞與徒步時不同的風景。5月也有相當受歡迎的活動「瀨戶花嫁・川舟流」。

倉敷最具象徵性的存在——大原美術館，外觀有如希臘神殿一般。但仍能融入倉敷的和風街道，又醞釀出獨特的存在感。這間美術館是由企業家大原孫三郎設立的，收藏核心主要是孫三郎援助在歐洲活動的畫家兒島虎次郎熱心收集來的作品。

稍微離開美觀地區來到本町、東町邊界那平穩的城鎮散步，就會發現觀光客大為減少而較有生活氛圍。還請好好享受建築物、藝術以及邊走邊吃等各種樂趣。

point

日本第一間私立西洋美術館

大原美術館在設立時，莫內本人贈送了「睡蓮」，除此之外還展示許多貴重西洋畫及至現代藝術作品。

美觀地區經過整治，非常好走。悠哉散步也很不錯，但若想將觀覽範圍擴大一些也可以租借腳踏車使用。

must

一定要買的倉敷土產是麻雀？

這是一種以雞蛋和小麥製成的外皮包裹餡料的點心。由於祈禱稻穀豐收時戴斗笠舞蹈的樣子很像麻雀，因此被稱為「群雀」。也可以體驗自己手工製作。

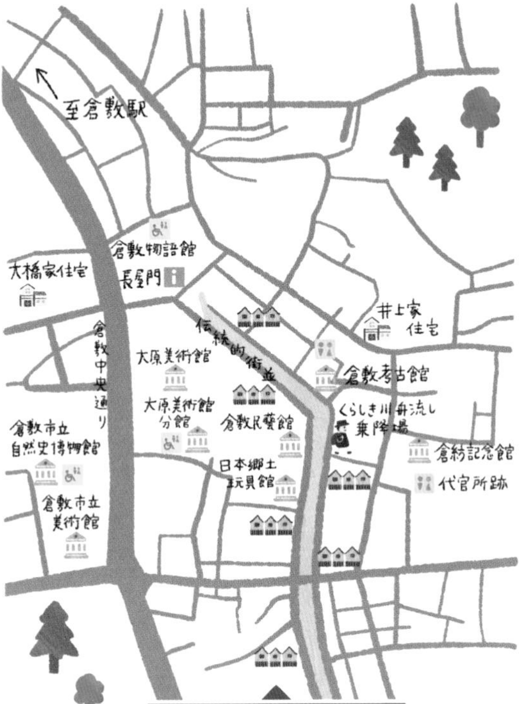

光是看景點就需要一整天。可以的話最好住一晚去逛逛美術館、好好品嚐當地特產，除了美觀地區以外也到周邊走走。

1 當地出身的建築家所設計的市公所辦公室。以白色牆壁為基調同時擷取古希臘風格及摩登西洋風格。**2** 還請嘗嘗岡山名產黍團子。**3** **4** 觀光中心「倉敷館」也是川舟流及人力車的據點，總是非常熱鬧。**5** 江戶時代建造的高雅建築「倉敷物語館」為美觀地區入口。是個可以免費入場的交流之處。**6** 倉敷據說是日本牛仔褲發源地。全長約400公尺的「丹寧街」上除了牛仔褲商店以外也有許多魅力十足的店家。

3

2

1

6

5

4

ACCESS 新幹線 倉敷站徒步至美觀地區約15分鐘。前往倉敷站：新幹線 岡山站搭乘山陽本線約20分鐘。新幹線 新倉敷站搭乘山陽本線約10分鐘。空路 自岡山機場約35分鐘可達倉敷站。**INFO** 倉敷市文化觀光部觀光課 **TELL** 086-426-3411 **HP** www.kurashiki-tabi.jp

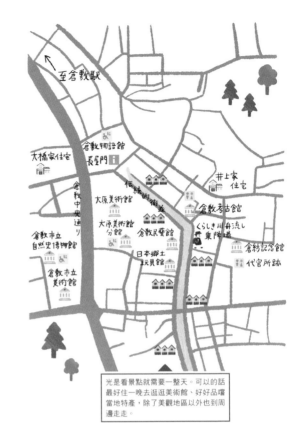

廣島縣
Hiroshima

尾道市

尾道

因拍攝電影而聞名 日本遺產寺廟及坡道城鎮

尾道除了留有古老街道以外，也有一部分是島嶼風格並且整治過。由於小津安二郎、大林宣彥等電影導演巨匠的代表作都曾在此地取景，拍出令人印象深刻的畫面，因此有許多人知道此處。飄盪著昭和氣息的問屋街（譯註：批發商店街）、直直向上伸展的坡道以及四散的寺廟、千光寺山纜車俯看而下便是城鎮與尾道水道。同時也是一個貓咪城鎮，述說著此處人們安穩的生活。

若能住一晚便能欣賞映照在尾道水道上的夢幻燈光夜景，也能夠前往在ＳＮＳ上時常被提到的那因為貓與警衛攻防戰而相當有名的「尾道市立美術館」。

悠哉散步也相當不錯，但若不太能爬坡道的話也可以搭乘巴士前往「千光寺公園」，一路向下散步到其它寺廟與小路。

由縣道363號往東邊直線一條道路進入舊「疊問屋街」。現在已經失去了問屋街功能，但其面貌仍殘留在人們的生活當中。

1 越過「天寧寺海雲塔」望過去的風景是非常著名的攝影景點。這是有著五百尊羅漢且可體驗坐禪的寺廟，還請務必一訪。2 夕陽美景也是此處自豪景色之一。3 上下石階參拜各寺廟。雖然辛苦了點，但可以試著走進非常有氣氛的小路、可能從意外之處望見海邊，充分體會於尾道散步的樂趣。

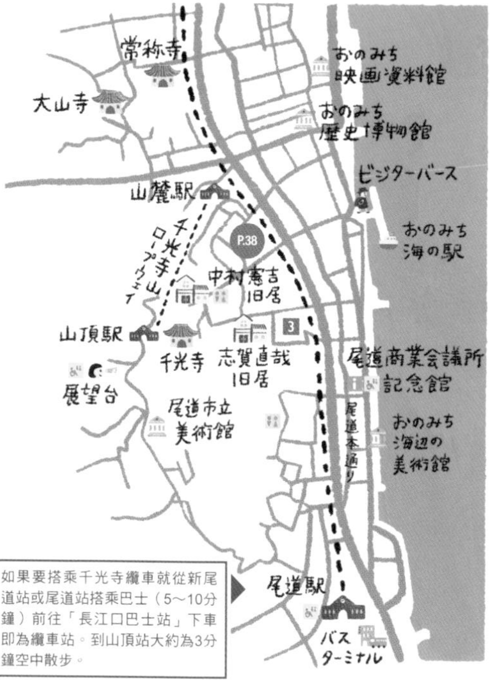

如果要搭乘千光寺纜車就從新尾道站或尾道站搭乘巴士（5～10分鐘）前往「長江口巴士站」下車即為纜車站。到山頂站大約為3分鐘空中散步。

point

沒有尾道拉麵？

各食品公司泡麵賣到全國的尾道拉麵。雖然是擁有80年以上歷史的口味，但其實每間店都不太一樣。原先這是叫做「中華麵」在販賣的，也因此尾道現在也還是有許多店家不會稱其為「尾道拉麵」。

ACCESS 新幹線 尾道站搭乘巴士前往「淨土寺下」為「古寺繞行」的散步路線。前往尾道站：新幹線 福山站搭乘 新幹線 山陽本線約20分鐘。新幹線 三原站搭乘 新幹線 山陽本線約10分鐘。新幹線 新尾道站搭乘巴士約15分鐘。INFO 尾道市公所觀光課 TELL 0848-38-9184 HP www.ononavi.jp

島根縣
Shimane

津和野町

津和野

設立於山間的城下町
散步於有鯉魚優游的水路邊

這是被稱為山陰小京都的典雅城鎮。此盆地位於連結山陽與山陰的要地，繁榮到號稱有15萬石，比實際上的規模還要大，理由據說在於水質極佳能夠生產品質非常良好的和紙。豐富的水資源為了達到防火功效，在城鎮當中形成縱橫無數的水路。色彩鮮豔的錦鯉、岸邊的綠色植物與一如過往的白色牆面映照著閃閃發光的水面打造出優美世界。

這裡也是森鷗外及畫家安野光雅的故鄉，有許多可參觀之處，包含「森鷗外紀念館」、「安野光雅美術館」、「葛飾北齋美術館」、「津和野天主教會」等。

原先是預備當成緊急糧食而放生的鯉魚如今為水路增添色彩。

紅色的屋瓦是津和野建築的特徵。與白色牆面的對比非常清新。

1 車站附近鋪設著整齊石板的商店街。由於水質良好，因此也有許多以自家釀酒自豪的酒店。2 除了白色石造的歌德風格引人注目以外，津和野天主教會裡還有五彩繽紛的彩繪玻璃。3 整排武家屋敷的海鼠牆與石板地構成的殿町通是城下町津和野最具代表性的景觀。

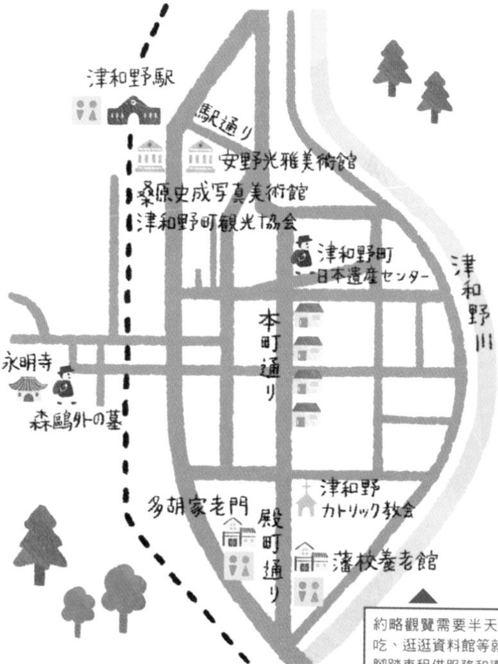

約略觀覽需要半天，如果要邊走邊吃、逛逛資料館等就需要一天。也有腳踏車租借服務和導覽等。

must

獲頒甜點最高獎項

希望大家務必要買的伴手禮，就是在全國甜點大博覽會上榮獲最高地位「名譽總裁獎」的「源氏卷」。這是以卡斯提拉蛋糕皮包裹紅豆餡的質樸和菓子，濕潤的口感與適中的甜度恰到好處。

ACCESS 由 新幹線 津和野站開始散步。前往津和野站：新幹線 新山口站搭乘 新幹線 山口線約1小時40分。空路 自萩・石見機場搭共乘計程車約50分鐘。或搭巴士至 新幹線 益田站約10分鐘，自益田站搭乘 新幹線 山口線約40分鐘抵達津和野站。空路 自山口宇部機場搭乘巴士約35分鐘抵達新山口站。INFO 津和野町觀光協會 TELL 0856-72-1771 HP tsuwano-kanko.net

山口縣
Yamaguchi

萩市

萩

市內有四個重傳建地區
能拿著古地圖散步的城鎮

這是明治維新起草者們共同學習的城鎮，仍能回想江戶時代城下町面貌的城鎮。由於是明治日本產業革命的遺產，也被登錄在世界遺產清單上。

可以追尋明治維新的足跡、也可以觀覽產業遺產散步，又或者是沉浸於小京都城下町的氛圍當中。於此散步時可以依照自己的喜好來設定散步路線。

能夠步行繞覽的歷史街道有町屋及土藏較多的「濱崎」；或者

市內四個重要傳統建築物群當中，原先為宿場町的佐佐並區位於萩市及山口市的中間，遠離市鎮街道。

「平安古」能見到城下町特有的鍵曲；還有培養出伊藤博文及高杉晉作等人的「堀內」。每個地方各有其歷史背景、獨具特色，只在此逗留一天實在太可惜，還請務必住幾天好好觀覽。

1 能夠讓保存狀態相當良好的武家屋敷一字排開，全靠各戶努力及地區人們互助的結果。2 防止外敵入侵的鍵曲構造。牆內隱約可見能夠加工成各式各樣點心的名產夏蜜柑。

point

拜訪先進諸學的學舍

藩校明倫館可說是擔負萩藩人才培育的重責大任，也正是培養出讓日本踏出嶄新一步原動力之處。其遺跡所在目前設立了新的學舍「明倫小學」。目前也是歷史文化發訊地「萩之明倫學舍」，是萩地的觀光據點。

ACCESS 新幹線 新山口站搭乘巴士約1小時～1個半小時可抵達萩巴士總站，以巴士總站為起點到堀內為散步範圍。新幹線 萩站到各區域請搭乘巴士。空路 自萩・石見機場搭乘巴士約10分鐘抵達益田站。由益田站搭乘山陰本線約70分抵達萩站。空路 自山口宇部機場搭乘巴士約35分鐘抵達新山口站。INFO 萩市觀光政策部 TELL 0838-25-3139 HP www.hagishi.com

觀光協會的網頁上有各種宣導行程以及建議路線可供參考。街上到處都有咖啡廳和商店。

香川縣
Kagawa

琴平市

琴平

參拜金比羅的根據地
讓讚岐烏龍麵大受歡迎的中心地

金刀比羅宮一般被親暱稱呼為「讚岐金比羅神」，是海洋的神明。據說於１５７３年時建立，江戶時代起聞名全國。由於領主們的捐獻而香火鼎盛，人們也逐漸搬遷至此，使這兒越來越有活力。釀酒業、木工建築業、鍛冶工等師父們也越來越多，就連旅館業也盛極一時。

也可以比較觀覽現存日本最古老的劇院「舊金比羅大歌舞伎」和有形文化財「琴平站」等。當

據說會代替飼主前來金比羅宮參拜的「金比羅狗」。

被指定為有形文化財的琴平站，是於明治22年開業的。

仍留有「金比羅神」熱鬧非凡時代面貌的建築，有些保留下來、有些予以復原，打造出一個懷古街道。

然主角還是金比羅宮。參拜道的石梯總共有785階，被稱為門前町的區域則從第365階的大門進入。爬上石梯便能夠體會過往庶民一輩子只來一次的金比羅宮參拜之旅。

1 在禁止庶民旅遊的年代，唯有金比羅宮參拜是能夠申請通關的。同時金比羅宮也不受藩的支配，是治外法權之地。2 架在金倉川上的「鞘橋」是有著如刀鞘形狀般銅瓦屋頂的珍貴橋梁。被指定為國家有形文化財，目前除了神事祭典以外禁止人車通行。

must

在發源地品嚐烏龍

烏龍麵發源於空海的故鄉讚岐，由於金比羅參拜而廣傳至全國。據說此處便是烏龍麵店起源之地，在金比羅宮收藏的屏風上也描繪著熱鬧非凡的烏龍麵店。在20多間麵店當中也有能夠體驗手工製麵的店家。

出了琴平站的正面就是大鳥居。行李可以寄放在車站周邊的投幣式置物櫃，回程再買土產，請一身輕盈邁向總本宮。

ACCESS 新幹線 琴平站出站便是參拜道路。前往琴平站：新幹線 岡山站搭乘瀨戶大橋線快速約40分至出站轉搭 新幹線 予讚線約30分鐘。空路 自高松機場搭乘巴士約50分鐘抵達琴平站。 INFO 琴平町觀光協會 TELL 0877-75-3500
HP www.kotohirakankou.jp

德島縣
Tokushima

美馬市

脇町

因吉野川的水運而蓋起了卯建的商家城鎮

下水溝蓋也非常有個性

這兒有著遍路（譯註：巡迴參拜）者也曾走過的陸路及水路，是交通要塞，現在也仍殘留此樣貌。

利用幾乎由市中心流過的吉野川，此處成為特產品「藍」的交易之地，江戶時代相當繁榮，據說接二連三出現富豪商人。由於這些富商的建築物都保存良好，因此這兒也被稱為「卯建之町」。

所謂卯建指的是連接在屋簷兩端的防火牆。江戶時代富裕階級聚集的城鎮上，為了避免萬一發生火災時延燒至隔壁家而有此種結構。除了防火這個實用性以

1

2

1 點燈之後的卯建之町值得一覽。2 由於建築具備如「卯」字般凸出的結構，因此稱為卯建。這種將牆壁附加在屋頂上的獨特匠心除了能達到防火功能以外，也具備裝飾性質。

自江戶中期至昭和初期建造了約85棟傳統式建築，在此一字排開。

外，同時也是一種身分象徵，因為此防火牆的價格非常高昂。能夠設立卯建的就只有相當有錢的人家。甚至還留下了俗話「蓋不起卯建」。

這兒有著整齊劃一的燻銀色屋瓦頂。石灰漆牆上還有著格子裝飾。白色牆面之下的房子，有許多還與以前一樣是做生意的人家，總長約４００公尺都是江戶中期建造的房屋。

傳統工藝體驗感「未來工房」裡可以參觀美馬和傘的製作過程。也可以在此處申請免費導覽。

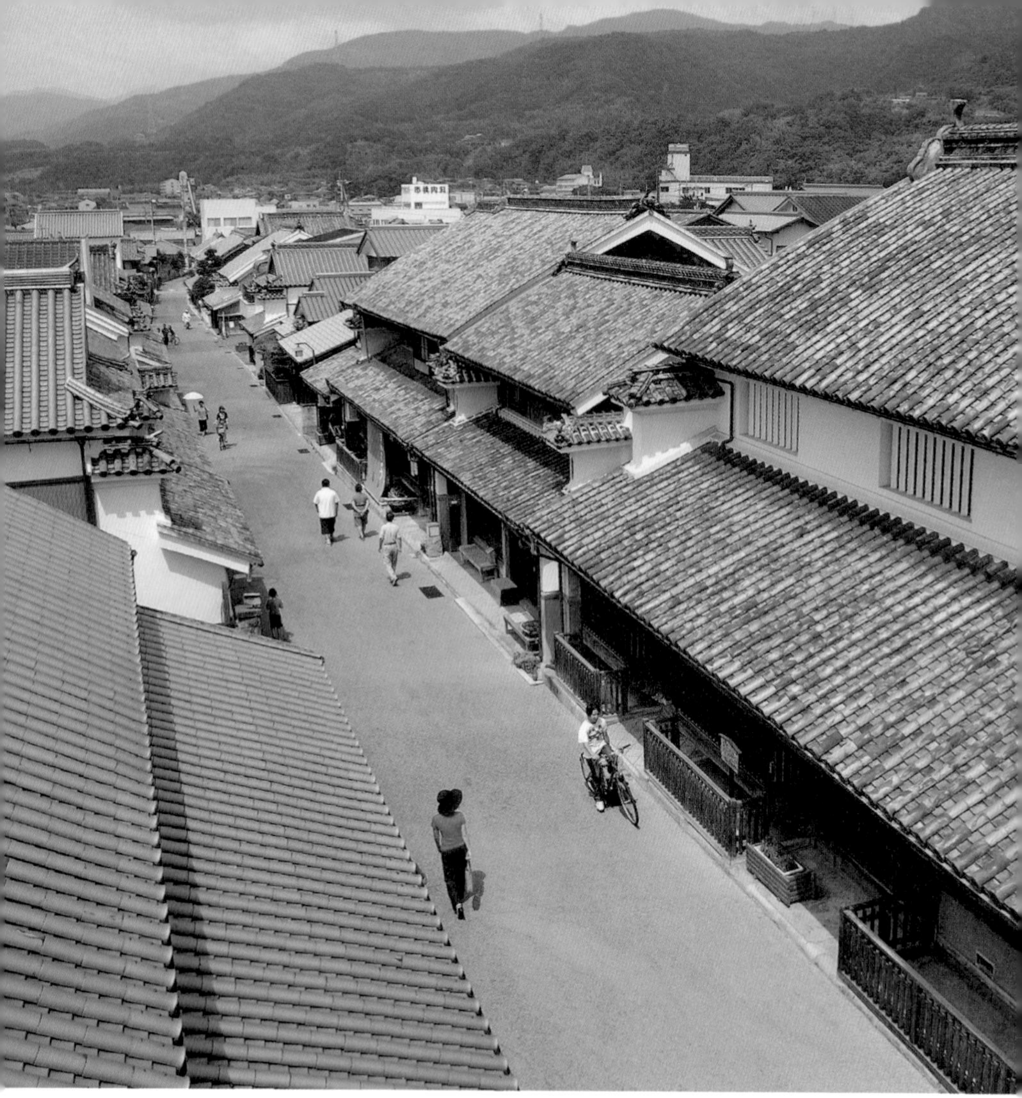

散步就以穴吹站為起點，搭乘巴士或者計程車前往觀光客休息設施「交流館」作為起點，大約步行10分鐘左右的區域就是觀覽中心。仔細凝望豪華的建築、也可以體驗藍染與和傘製作。

偶爾探進那跨越時代仍為鎮上居民所用的日常品店家等，不知不覺就過了半天。若還想看看文化財和體驗傳統工藝，最好保留一整天較為悠哉。

彷彿武家城鎮般豪華的商人城鎮。每家每戶彼此配合卻又在小地方競爭豪華程度，這些都表現在卯件和窗櫺的細節上。

1 2「觀光交流中心」當中可以體驗藍染以及和傘的張傘。同時也設置有使用當地食材經營的茶房。

must

因武道信仰而來的名產

當地和菓子店「日乃出本店」的第一代老闆思考如何結合當地特產品葡萄以及劍山武道信仰，構思出來的正是「葡萄饅頭」。除了創意以外，在內餡當中揉入牛奶的口味非常時髦而受歡迎，因此也成為必買的伴手禮。

除了歷史及文化財以外，也推薦會向大家介紹城鎮保存回憶的導覽行程。請搜尋「卯建街道志工導覽」。

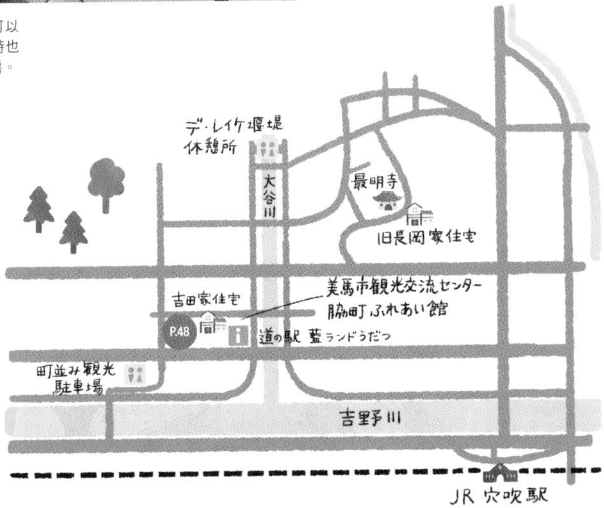

ACCESS 由JR穴吹站搭乘巴士至卯建街道大約15分鐘。至穴吹站：由德島阿波踊機場搭乘巴士約30分鐘至JR德島站。德島站搭乘JR德島線至穴吹大約1小時20分鐘。 INFO 美馬市公所觀光課 TELL 0883-52-1212 HP www.city.mima.lg.jp/kankou/kankouannai/

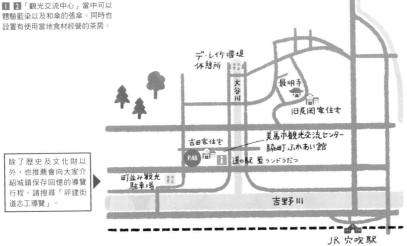

高知縣
Kochi

室戶市

吉良川

土佐灰泥耀眼無比
獨特的建築物是颱風對策

遍路宿

此處由於能夠採集到優良的薪柴，而成為土佐備長炭的交易港口。明治時期建造起來的商家屋舍結實而豪華，並不單純是由於這兒非常繁榮。此地是被稱為「颱風銀座」之處。為了要能夠在狂風暴雨中屹立不搖，才有了此種耗費功夫打造出的特殊建築。水平突出於石灰牆面的「水切瓦」、保護房子不受強風侵害的石造矮牆「石黑」等都讓人忍不住駐足觀看。

每家各自將海邊與河邊的石子堆疊成矮牆「石黑」是此處民家不可或缺的防風牆。

1 昭和40年左右為止都還是郵局的「熊懷家住宅」。留有郵政符號「〒」的鬼瓦和郵筒仍留著當時的氣氛。2 特別引人注目的紅磚瓦房「武井家」。紅磚瓦與石灰牆的組合非常獨特。

雖然沒有大規模的觀光設施或者時下風格的商店，走在此處人們根深柢固的生活風格浸染的街道上也頗有風情。可以走一遭當地人們平常進去的商店和咖啡廳等，試著融入這個城鎮的氛圍。

point

由鎌倉時代傳承至今的傳統祭典

御田祭據說是源賴朝為了祈禱五穀豐收而向全國捐獻演變而來。兩年舉辦一次，在5月3日時遵循約800年前留下來的古法執行祭典。由早到晚的祭祀活動是由每一家各自傳承演出項目來奉神。

ACCESS 搭乘巴士前往吉良川的傳統街區。由奈半利站出發大約1小時。前往奈半利站：新幹線 岡山站搭乘瀨戶大橋線特急約2個半小時至後免站轉乘土佐黑潮鐵道大約1小時。由高知站搭乘土讚線約15分鐘至後免。空路 自高知龍馬機場搭乘巴士約40分鐘抵達高知站。 INFO 室戶市公所觀光地質公園推進課 TELL 0887-22-5161 HP http://www.muroto-kankou.com/kiragawa

先至吉良川町並館取得散步地圖再出發。稍微繞一圈大概需要兩小時，可以在懷舊風格的咖啡廳中稍事休息，花半天悠閒散步。

愛媛縣
Ehime

內子町

內子

與當地交流同時「NEKI ARUKI」實在愉快

此地方言將「近距離」稱作「NEKI」。而內子這兒正適合「NEKI ARUKI」（近距離步行），是個有專屬導遊（可於內子町遊客中心申請服務）組織為您提出各式各樣近距離步行建議之處。最推薦的行程在網站上也有介紹，個人來此也能充分享受散步樂趣。

一定要提的就是由江戶至明治時期在街道兩旁建造的町家及商家地區八日市護國地區。此處原為木蠟（由漆樹科樹木果實中萃取出的蠟）一大產地，充分展現出其過往繁華歷史。以當地泥土塗抹的淺黃色土牆與石灰牆，搭配那木條格櫺裝飾醞釀出風情。

海鼠牆上豪華的木條格櫺引人注目，此建築物是重要文化財「上芳我家住宅」。

「內子座」建於大正5年，修復後仍廣受喜愛，是現在仍在營業的劇場。除了入母屋造結構的外觀外，也可以參觀內部的花道和奈落，從裡到外完整欣賞。

1 雖然一點都不「NEKI」，從內子站乘車大約要30分鐘才能來到此處，但若有機會請大家務必來訪弓削神社的「太鼓橋」。這兒可是有著絕景的能量景點呢。2 上芳我家主屋那屋頂上非常有個性的帆掛瓦看得一清二楚。3 活用傳統式建造物作為餐飲店及住宿設施的店家也越來越多了。

建議由內子站搭計程車到重傳建地區深處，再沿著緩坡往下，於古民家咖啡等處休息，慢慢走回車站。

point

令人珍愛且可體驗的梯田

「泉谷梯田」位在平均標高470m的斜坡上，共有95片梯田。除了可以在此處體驗種田、割稻等農務外，此處還有梯田認領制等，嘗試以各種方式將保全環境美觀的梯田傳承給下一個世代。

ACCESS 新幹線 JR內子站徒步約30分鐘為散步區域。前往內子站：新幹線 岡山站搭乘瀨戶大橋線特急約3小時抵達松山站轉搭予讚線特急約30分鐘。空路 自松山機場搭乘巴士約15分鐘至松山站。或搭乘巴士約50分鐘至內子INTER後徒步約15分鐘抵達內子站。**INFO** 內子町訪客中心 **TELL** 0893-44-3790 **HP** www.we-love-uchiko.jp

廣島縣
Hiroshima

福山市

鞆之浦

等待張潮的港口風情一如以往
讓海洋與歷史香氣療癒人心

坂本龍馬與海援隊的「IROHA丸」就沉沒在鞆之浦灣岸當中。海邊之丸展示館有拉上來的沉船以及龍馬藏身屋等，就展示在江戶時期建造的落落大方倉庫當中。面向海的階梯是獨具特色被稱為「雁木」的船隻靠岸處。

這兒是在２０１７年才被指定為重傳建地區的，雖然時間很晚，但其實從萬葉時代起就是吸引人心的景觀勝地。大伴家持為此處詠歌、最後的足利將軍義昭來此尋求安息、坂本龍馬也曾為了交涉而滯留此地，可說是非常稀有的港口。

位處瀨戶內海幾乎正中央，是潮流改變方向的地點。海岸線相連形成的海灣除了是個優秀的漁港以外，也因為可在此等待漲潮、等待正確風向而成為海運及戰事重要據點。許多船隻在此往來等待著出發時間，隨著豪華景觀及歷史潮流，這兒也發展出了文化及商業而得以繁榮。

最棒的就是江戶時代的城鎮以及港口設施等都保存狀態都極佳。也難怪會成為日本最初的國家公園。最能代表鞆之浦的常夜燈（燈塔）以及船番所等設施，現在也還理所當然的是這懷古港口的風景。

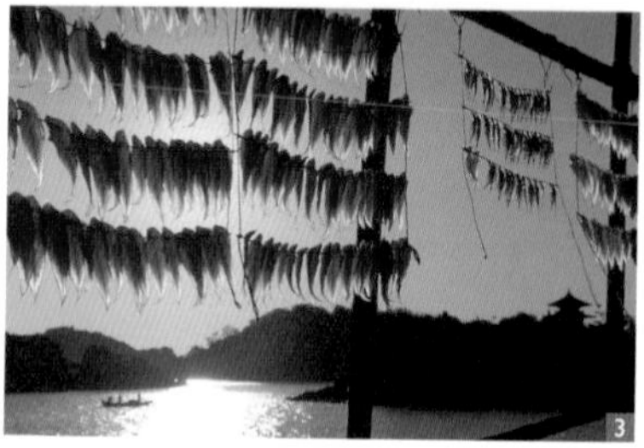

1 2 鞆之浦有非常多小巷，和當地人走在一起也非常有趣。3 當地自豪的海產是在海風中飄盪的一夜干，此光景也是鞆之浦生活的一部分。

由鞆之浦地標「常夜燈」
向下俯瞰的坡道風景。

走在這深植於當地生活中縱橫無數的狹窄小巷，繞行這些懷古街道的行程大約半日即可，不過也可以花費一天悠哉滯留於此，順便看看瀨戶內海岸以及前往能夠將街道一覽無遺的高台。坂本龍馬的船就沉沒在近海，可以前往參觀處理船隻的「ＩＲＯＨＡ丸展示館」，另外也有寺廟神社、歷史性建築物等能夠參觀的設施。以海產自豪的餐飲店、經過便令人想進去坐坐的咖啡廳也很多。悠閒的港口旅社或者品味甚佳的民宿等各種住宿設施也不少。住一晚就能夠眺望那足以永留心頭的夕陽以及沐浴在晨光中的島影，也是不錯的選擇。

point

呼喚夏季的煙火大會

之浦的煙火大會是春季結束時的季節景色。從小小的弁天島打出約2000發的煙火照亮夜空，讓夜晚的店家也活力十足。

豪華的杉玉是酒屋標誌。到了之浦的酒屋務必看看名產「保命酒」。這款酒曾經上供給幕府，是添加了藥草的滋補強身酒，不同藏元也有各式各樣的風味。

must

悄悄地吃？埋藏飯

江戶時期的傳統飲食，據說是將較為奢侈的材料埋藏在米飯下而有此命名。蝦子、雞肉、香菇、紅蘿蔔等都藏在飯下面。

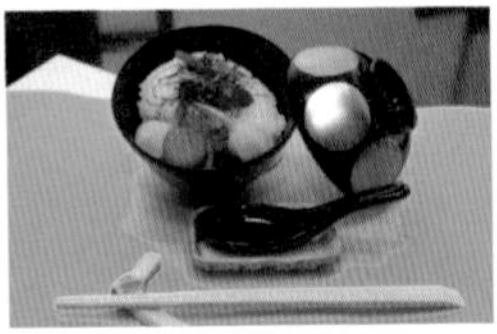

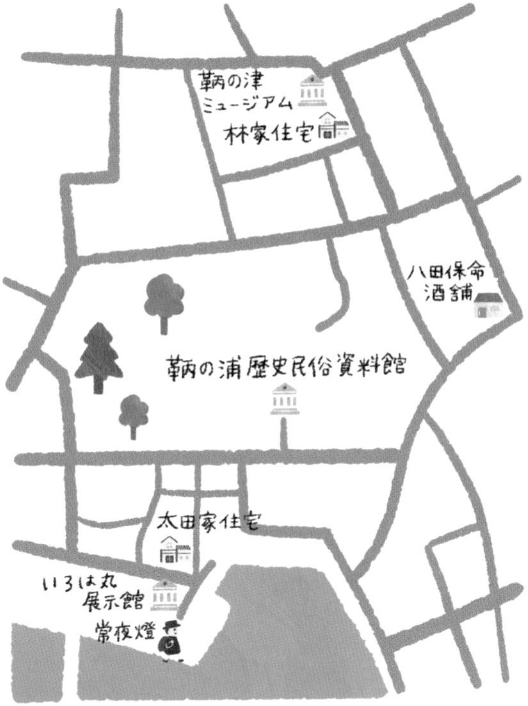

巴士不管在「鞆之浦」或者「鞆港」下車都能夠當成散步起點。隨心情到處逛逛，處處皆是令人感到懷古的景色。

1 若是在此留宿務必要早起觀看日出絕景。2 由海上觀看「IROHA丸展示館」前的雁木。3 有許多港邊城鎮都能見到貓，鞆之浦也是其中之一。4「IROHA丸展示館」當中有許多龍馬的資料。大樑橫過的倉庫建築也值得一看。5 由鞆之浦搭船很快就能抵達弁天島，這兒祭祀著漁師守護神弁財天。朱漆的「弁天堂」與月亮搭配在一起宛如名畫般風雅。6「瀨戶新娘」一曲非常有名，不過現在也很少見了。

3

2

1

6

5

4

ACCESS 新幹線 福山站搭乘巴士約30分鐘抵達巴士總站後開始散步。空路 自廣島機場搭乘巴士約60分鐘抵達福山站。
INFO 福山市觀光課 TELL 084-928-1042 HP http://www.fukuyama-kanko.com

島根縣
Shimane

大田市

溫泉津

距離出雲大社及石見銀山都非常近
受人喜愛的溫泉地港町

溫泉津既是溫泉鄉又是窯烤城鎮，同時也是天然良港而極為興盛。這兒是負責運送世界遺產石見銀山當中銀礦的港口，自戰國時代起就是廣為人知的港町。

過往氛圍仍然色彩濃厚一如以往的溫泉街。此處是唯一被選為重要傳統建築物群保存地區的溫泉街。

自江戶至明治時代建造的民宅和旅館，特徵是使用被稱為石州瓦的獨特紅瓦以及帶著深沉黑色光芒的瓦片。為了自兩個源泉中湧出的優質流動溫泉，現在也還有許多人到訪此處。

活用舊藥師湯大正浪漫風情建築物的「震湯咖啡內藏丞」也作為畫廊開放，能夠在原先擔任庄屋的內藤家收藏的骨董品包圍中享受優雅的時光。

充滿懷舊風情的街道，相當適合在微涼的傍晚穿著浴衣散步。

1 點燈以後才是溫泉街真正的樣貌。來到此地就應該要住宿盡情享受溫泉。2 元湯前方的山上有著全國屈指可數的登窯，目前「燒物之里」仍持續經營中。除了物色「溫泉津燒」以外，也可以體驗窯烤樂趣。3 日本海的波濤聲讓人體會到此地曾是相當繁榮的漁港。現在則是在寧靜中被傳統文化包圍，以世界遺產出湯來治癒旅客及溫泉療養者。

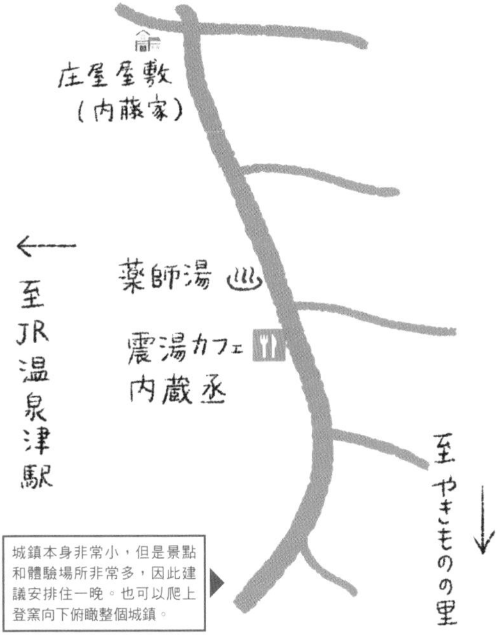

城鎮本身非常小，但是景點和體驗場所非常多，因此建議安排住一晚。也可以爬上登窯向下俯瞰整個城鎮。

must

不泡不能回去

「元湯」與「藥師湯」都是茶褐色的溫泉，浸泡以後會覺得肌膚滑溜。散步過後還請務必泡泡溫泉。照片上是藥師湯。除了能夠療癒散步後的疲勞以外，也能夠欣賞復古的建築物。

ACCESS 由溫泉津站徒步約15分鐘抵達散步區。前往溫泉津站：新幹線 岡山站搭乘伯備線特急約3小時至出雲市站轉乘山陰本線快速約50分鐘。或由 新幹線 山口站搭乘山口線特急約2小時45分。空路 自出雲機場搭乘巴士約30分鐘抵達出雲市站。INFO （一社）大田市觀光協會 TELL 0854-88-9950 HP www.ginzan-wm.jp

鳥取縣
Tottori

倉吉市

倉吉

以室町時代的城下町為原型
連綿的白牆土藏以及紅屋瓦

坐望倉吉地標打吹山，由室町時代到江戶初期打吹城都矗立於此地。倉吉原為城下町而得以繁榮，然而江戶時代卻因一國一城令而失去了打吹城。之後陣屋町被整備為地區主要設施集中之處，後期也因產優良木棉而成為知名的宿場町。

有如貫穿街道的人工水路、玉川的石橋以及特徵為紅褐色的石川瓦、白色石灰牆、張貼燻杉板的土牆倉庫。這些安穩的色彩構

由散步景點搭乘巴士約20分鐘可以抵達三朝溫泉。此處的街道有相當有風味。走遠一些抵達這個溫泉街也能稍微泡個溫泉。

倉吉名產「打吹公園丸子」

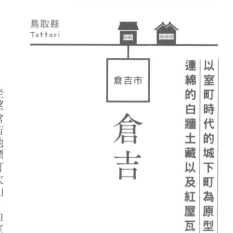

成一幅協調的景觀讓觀者心靈平靜。也有活用土藏作為日式咖啡廳、蕎麥麵店的店家；改裝町家或商家作為餐飲店或雜貨店等，有許多五花八門的設施。

1 山陰地方常見有著紅褐色釉彩的石州瓦。特徵是耐寒性強，在嚴苛氣候中也能保護房子。2 沿著玉川的道路步行，是接連白色土牆與黑色燻杉板構成的清新土藏群。每個土藏的門口都架設著一片石板小橋。

point

在町家土藏釀造的葡萄酒

重傳建地區內的「倉吉酒莊」是活用明治時代建造的町家改建而成。由栽培到釀造都非常堅持「鳥取產」打造的日本葡萄酒。也有咖啡廳、商店以及試喝區，能夠在時髦的建築當中接觸葡萄酒製程。

ACCESS 倉吉站搭乘巴士約20分鐘抵達散步區域。前往倉吉站：新幹線 岡山站搭乘山陽本線特急約1小時50分至鳥取站換乘山陰本線約1小時抵達。新幹線 姬路站搭乘山陽本線特急約2小時20分鐘。新幹線 新大阪站搭乘山陽本線特急約3小時15分鐘。空路 自鳥取機場搭乘巴士約45分鐘。空路 自米子機場搭乘巴士約25分鐘抵達米子站轉乘山陰本線約1小時20分鐘。INFO 倉吉觀光MICE協會 TELL 0858-24-5371 HP www.kurayoshi-kankou.jp

大致上走完一圈需要約半天，如果還想逛逛咖啡廳等就需要一天。住一晚順便去三朝溫泉或打吹山半山腰上的長谷寺眺望街道也不錯。

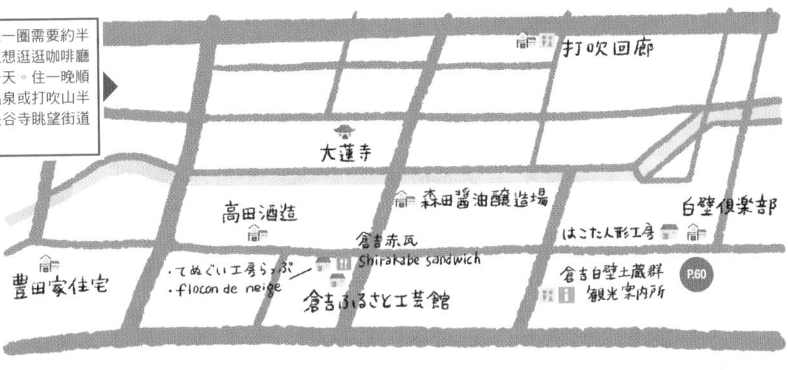

column

維護歷史文化性質城鎮的措施

愛知縣名古屋市／有松

由於第二次世界大戰的戰火以及之後的迅速復興，日本戰前的街道幾乎消失殆盡。原先一心一意想著經濟成長的念頭終於轉往保存街道一事，據說是從1960年代後期開始的。

有些地方自治單位開始制定獨特的條例，試圖保存歷史性景觀，而國家也制定了古都保存法、修訂文化財保護法等，逐步整備了全國四散的歷史性街道保存相關環境。

在居民的協助之下，提出「不賣出」、「不借出」、「不破壞」等條件來維持街道現況、為建築物及看板色彩及設計設下限制規則等，規範方式五花八門。除了保護留存下來的文化財以外，同時也修復過去的建築物或建造物品。另外也會將留有懷古氣氛的建築物改造為時下流行風格的咖啡廳或者商店，保存建築物與街道樣貌但試著添加嶄新氣圍來為街道增添活力。

鄉下也因為人口外流的問題，必須同時考量觀光化及維護居民生活的均衡等，配合每個鄉鎮不同的狀況來一步一腳印進行保存活動。

長野縣南木曾町／妻籠

奈良縣橿原市／今井町

「有松町造之會（愛知縣名古屋市）」、「今井町保存會（奈良縣橿原市）」、「妻籠愛好會（長野縣南木曾町）」的居民團體聚集在一起於1974年集結為「全國町並保存聯盟」，是街區保存中數一數二的團體。

chapter

3

近畿 KINKI

1 伏見 64
2 伊根 68
3 近江八幡 70
4 今井町 72
5 湯淺 76
6 長濱 78
7 吹田 80
8 出石 82
9 平福 84
10 室津 85
11 富田林 86

京都市

伏見

酒藏一間接一間 復古懷舊空間

由於地下水質良好而得以造酒的伏見之地上有大量酒藏。照片為松本酒造，被認定為近代化產業遺產。

伏見是京都市南邊的玄關口。這個地方以往水質好且水源豐富，甚至被稱為「伏水」，自古以來釀酒業興盛。這是日本少數被認為自有稻作文化的彌生時代以來就已經在造酒的地區。

濠川沿岸排列著大量的酒藏，當中最為象徵酒之地伏見的「月桂冠大倉紀念館」被指定為京都市有形民俗文化財。德川家康也在此地設置日本首先鑄造銀幣及買賣金條的「銀座」。整治高瀨川使其成為連結京都、伏見、大阪的水路，伏見港也得以發展為日本最大河川港。多年以後幕末時期坂本龍馬受到襲擊之處便是船宿「寺田屋」。當時的建築物在鳥羽伏見之戰中燒毀，目前是重建後的建築。不過仍然飄盪著當時的氛圍，氣氛獨特仍然值得一覽。

伏見的街道歷經酒造、平安、江戶到明治維新一直都是歷史的舞台而熱鬧非凡。為了保護要地伏見奉行所，月桂冠藏元大藏家前的道路有著大大的L字型彎曲。那曾讓薩摩軍與幕府軍爭鬥之地，到了現代

1

2

3

1 夜晚街道腳邊整排的燈籠飄盪出古都風情。2 坂本龍馬遭受襲擊的「寺田屋」曾經上演充滿謎題的歷史事件。3 能夠品嚐當地日本酒與京都風味菜的餐飲店家也很多。

月桂冠倉庫旁能夠眺望水邊風景，
撫慰人心。推薦可以從「月桂冠大
倉紀念館」旁邊搭乘十石船觀光。

看起來也不過就是相當適合散步的道路。月桂冠的貴重建築物們現在也還在此向大家述說此處曾是幾經激烈戰鬥之地。過去發生鬥爭的時候，雙方藩士想必也是以伏見之酒來加油打氣的吧。

只要開始散步，就發現處處皆為歷史遺跡，伏見這兒實在是相當深奧的城鎮。

point

享受藏元街道

「喝的點滴」甘酒在販賣機就能買到，可輕鬆補充活力。使用月桂冠舊本社改造的「伏見夢百眾」當中也提供「冷泡咖啡」或者舉辦日本酒活動。

瓦斯燈風格的街道以及石板路小巷。充滿氣氛及活力的「龍馬商店街」受到當地人以及觀光客的喜愛。

must

注意獨特的狐狸像

伏見稻荷的狐狸像有著各式各樣的姿勢，照片中這個動作也很受大家喜愛。也有為了祈禱五穀豐收而叼著農作物的雕像。

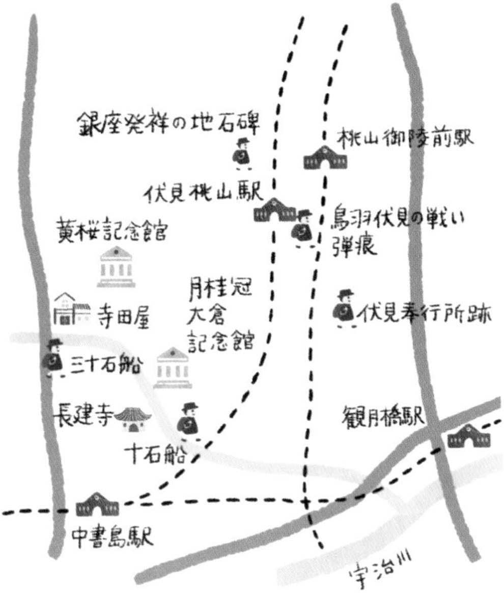

河道沿岸及街道小巷都想逛逛的話最少需要半天時間。若是還想搭乘十石船、好好看看資料館的話，請安排一整天。

1「月桂冠大倉紀念館」。展示各種歷史上的釀酒用具，是能讓人親身感受酒文化的資料館。就算對於不是建築愛好者或者愛酒之人來說也相當有看頭。2 此處是黃櫻的藏元「黃櫻酒場」。除了日本酒以外也不能放過剛做好的當地啤酒。3 寺田屋不遠處的「龍馬與阿龍，愛的旅途」像。4 能夠享受大約55分鐘悠哉船旅的十石船。5 龍馬商店街就連鐵捲門都充滿活力。6 非常受到國外觀光客歡迎的伏見神社。從酒藏街區到神社搭乘巴士約30分鐘左右。

3

2

1

6

5

4

ACCESS 自伏見桃山站&桃山御陵前站（緊鄰）、中書島站作為起點散步。前往桃山御陵前站（伏見桃山站）：新幹線 京都站搭乘近鐵京都線約20分鐘。前往中書島站：新幹線 京都站搭乘近鐵京都線約10分鐘至丹波橋站轉乘京阪本線約3分鐘。INFO 伏見觀光協會 TELL 075-622-8758 HP kyoto-fushimi.or.jp

京都府
Kyoto

伊根町

伊根

眺望那祖母綠色大海的舟屋群實乃絕景

伊根町是位於京都北部的小小港町。大約有２３０間舟屋連綿包圍海灣，這樣的城鎮樣貌使其被稱為日本的威尼斯。舟屋是在水邊建造的船塢，一樓通常都是停船、二樓則是生活場所。

如果想一覽此景可以到「八坂神社」。在神社境內可以將伊根灣整體一覽無遺。由神社往「伊根裏公園」走，就能抵達１７５４年創業的酒藏「向井酒造」。古代米酒『伊根滿開』有

從道路看過去是非常普通的懷古城鎮，一點也看不出來是臨海建造的房屋。也有些舟屋已經轉為咖啡廳或者住宿設施。

著如同粉紅葡萄酒般的色調及口感，非常受到大家喜愛。沿著舟屋散步之後也可以搭乘「伊根灣遊覽船」。

1 周遭約長5公里的小小海灣沿岸留下大量由江戶時代至明治時代建造的舟屋。2 面向海的一樓地板稍微往海的方向傾斜，直接停船作為船塢。

point

閃爍著專家光輝的「鏝繪」

鏝繪是指緊鄰舟屋建造的倉庫側面上描繪的浮雕圖様。外型是小小的圓形，因此沒仔細觀察可能會沒注意到它。有非常吉祥的鶴龜、七福神等，展現出每戶人家不同様貌，非常有趣。

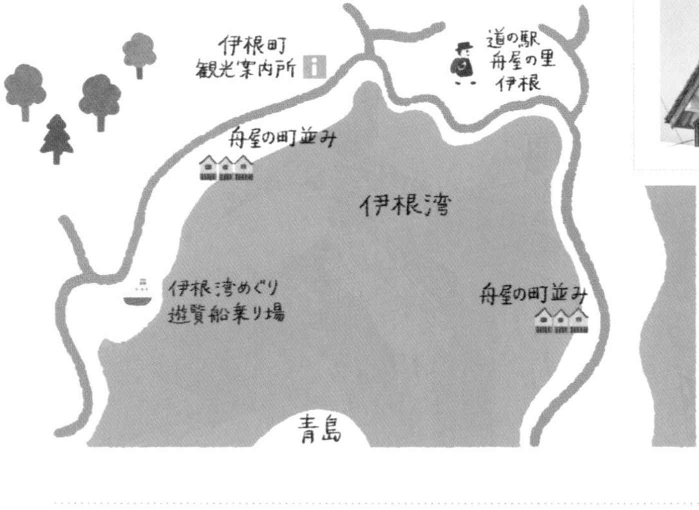

大約一小時左右能逛完。也可以從休息站「舟屋之里伊根」眺望海灣、或者隨導覽散步。

ACCESS 由宮津站搭乘巴士約1小時抵達「休息站舟屋之里伊根」巴士站後徒步10分鐘至伊根郵局作為散步起點。前往宮津站：新幹線 京都站搭乘嵯峨野線約1小時抵達福知山站轉乘京都丹後鐵道約1小時。INFO 伊根町觀光協會 TELL 0772-32-0277 HP www.ine-kankou.jp

滋賀縣
Shiga

近江八幡市

近江八幡

近江商人所打造的和洋交織街區

特產紅蒟蒻

近江八幡位於滋賀縣中部琵琶湖東岸。過往是安土城的城下町而得已發展，在江戶時代以後近江商人耗費百萬財富建立起這個城鎮，當年的時髦建築仍留存至今。當中包含建築家威廉・梅里爾・沃瑞斯所設計的沃瑞斯建築，以「池田町洋風住宅街」為首，市內還留有20多棟。「新町通」則是整排純和風的近江商人本家。再繼續往前還可以抵達連接琵琶湖的水路「八幡堀」或者創建131年的古老神社「日牟禮八幡宮」。最後搭乘「八幡山纜車」由山上眺望整個街區也非常棒。

讓往來於琵琶湖的船隻走進城內運河的八幡堀而得已發展商業的近江商人。要繞行水鄉就讓船夫熟練操船來繞行運河吧。

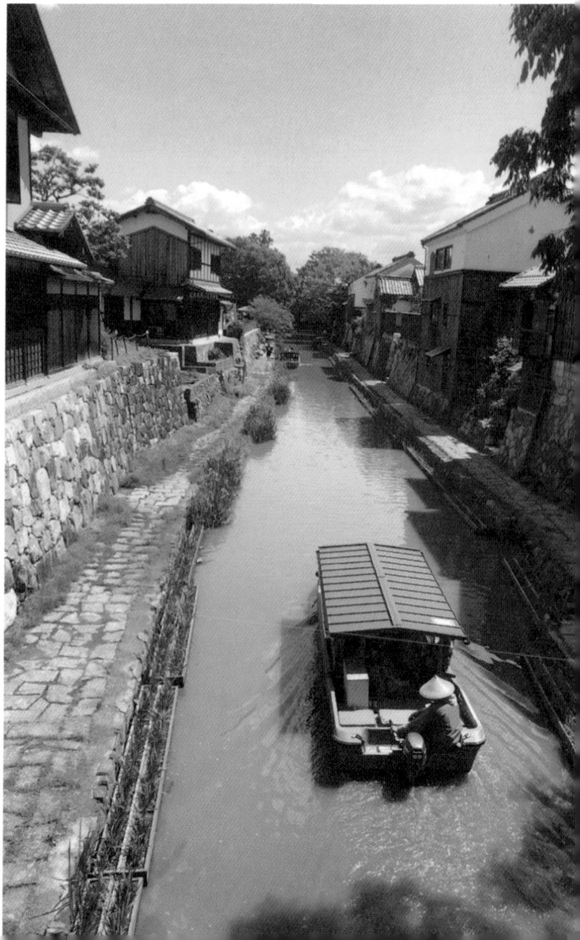

沃瑞斯建築之一，非常時髦的舊八橋郵局。

1 一整排石牆及土藏、風情十足的堀邊風景有著四季不同的面貌。2 雖然身為城下町的時間非常短暫，但之後仍然發展為商業城鎮，讓人了解近江商人繁榮的歷史。
3 留存江戶時代區域劃分的「新町通」是整排富商的房舍。

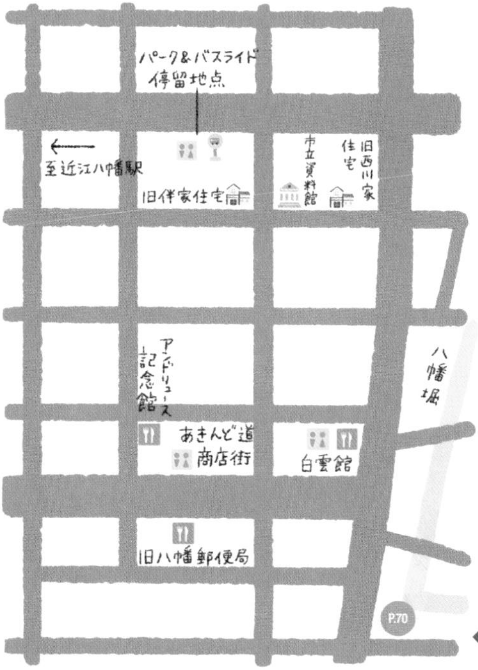

搭乘巴士到觀光中心區域會比較好規劃繞行的景點。若想繞繞水鄉澤國和探訪建築最好花費一天。

must

看起來像章魚燒的甜點

日牟禮八幡宮附近有間和菓子老店「TANEYA」的茶店販售的「TUBURA餅」。這是使用當地近江糯米包裹紅豆餡製成，可以在此享用熱騰騰現做的點心。正好用來滿足散步後略為飢餓的肚子。

ACCESS 由近江八幡站徒步約20分鐘抵達散步區域。搭乘巴士約7分鐘在大山町公車站下車會比較方便。前往近江八幡站：新幹線 京都站搭乘琵琶湖線約50分鐘。INFO 近江八幡觀光物產協會 TELL 0748-32-7003 HP www.omi8.com

奈良縣
Nara

橿原市

今井町

最大規模的重傳建地區 時光旅行到江戶時代

被譽為時光旅行至江戶時代的今井町。看起來就像古裝劇的場景卻有著現代人們生活的氣息。

1 2 今井町有許多魅力十足的古民家咖啡，實在令人左右為難。有許多餐點及甜點都相當豐盛的咖啡廳。照片上的烘焙店不管是外觀、內觀還是菜單都非常有心，很受歡迎。

今井町位於奈良縣橿原市中部。從八木西口站走出來跨越飛鳥川上的紅色橋梁，眼前就是彷彿令人跨進時代劇場景的世界。今井町是全國重要傳統建築物群保存地區當中規模最大的，東西約寬６００ｍ、南北約長３１０ｍ左右。可以先到「今井町並交流中心華甍」，該處能夠以簡明易懂的方式為觀光客介紹此地歷史，先學習過後再開始散步吧。

在彷彿棋盤般列隊的町家建

自大馬路延伸出去的縱橫小巷有種令人感到懷舊的氣氛卻充滿活力，到處都有經過整修的舊房屋。

築當中，希望大家一定要前往觀覽的就是18世紀中期建造的富豪住宅，現在也仍舊使用中的酒屋「河合家住宅」。另外還有土間非常寬闊、竈上有煙返構造（使煙不會擴散開來的牆面）而深具農家風情魅力的「舊米谷家住宅」，以及有著豪華八連棟結構、此地最古老的「今西家住宅」。不管是遊覽哪一棟町家，都能讓人切身體會過往氛圍。

「今井町並交流中心華甍」原先是明治36年建設作為高市郡教育博物館的建築，昭和4年起開始作為町公所。

今井町總建築物戶數大約有760戶，當中據說有500間都屬於傳統建築物。

今井町市是以「稱念寺」為中心發展起來的寺內町。江戶時代初期重建的大規模淨土真宗本堂雖然經過改建，但仍留有當初的特徵，因此建築物也值得一看。將町家大致看過一遍以後，到城鎮資訊設施「今井町家館」去體驗一下過往生活也不錯。可以從梯子爬到天花板上、或者在土間拉繩子開關高處的窗戶等，多少接觸一些現在已經不常見的生活方式。

也可以租借和服打扮後散步。

point

多走些路去看看盛開的玫瑰！

「OHUSA觀音」可以欣賞到4000多種玫瑰。此處繁花盛開，多走些路過來應該也很值得。這兒被稱為「繁花盛開寺廟」。春天和秋天還會舉辦玫瑰祭典活動。

1 2 保留懷古氣氛但已整修為方便散步的街道，也有許多觀光設施和咖啡廳等，能夠安心繞行此處。

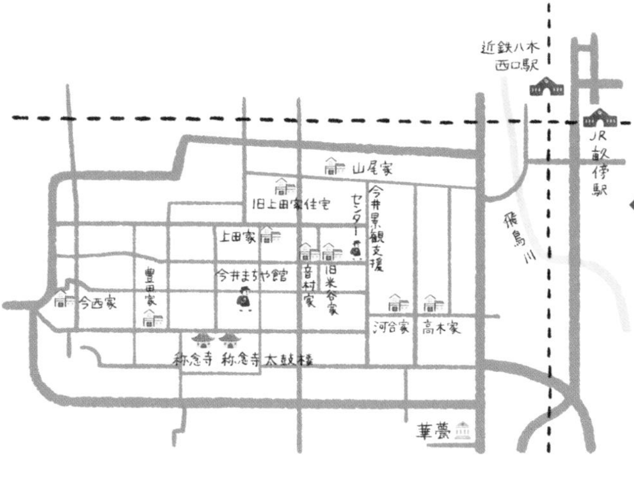

「OHUSA觀音」要從今井町鬧區走15分鐘以上才能抵達，不過其他地方大概只要花費半天。還請安排半天到一天。

ACCESS 自大和八木&八木西口站&畝傍站（3站緊鄰）徒步約7分鐘抵達散步區域。前往大和八木站：新幹線 京都站搭乘近鐵京都線急行1小時。新幹線 名古屋站搭乘近鐵名古屋線特急約1小時50分鐘。空路 自關西國際機場搭乘南海機場線急行約45分鐘抵達難波站轉乘近鐵難波線特急約30分鐘抵達大和八木站。INFO 橿原市公所觀光政策課 TELL 0744-21-1115 HP www.city.kashihara.nara.jp

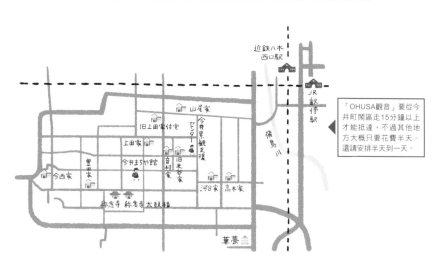

和歌山縣
Wakayamav

湯淺町

湯淺

香噴噴的風兒吹過 釀造醬油的起源之地

湯淺位於和歌山縣中部西岸。歷經江戶、明治、大正、昭和的屋舍是由於醬油或金山寺味噌而繁榮的釀造業所留下的建築物。將醬油上下貨至船上的「大仙堀」、曾為醬油釀造家的倉庫「西藏」、慶應2年建造的工房倉庫「角長職人藏」等，光是從一旁走過去都似乎能嗅到醬油的香氣。若是有些餓了可以前往「湯淺美味食物藏」。這裡可以品嚐湯淺當地的口味，還請務必前往嘗鮮。湯淺留存的建築物有格子窗和行燈等，有著與現代建築不同的風情。是個能在小巷當中有新發現的城鎮。

據說在繩文時代有製鹽所，是醬油起源地，現在也還以釀造城鎮聞名。由於免於戰火，江戶時代的街區也得以保留至今。

此處能夠購買及享用湯淺名產，正如其名為「湯淺美味食物藏」。

1 支撐湯淺發展的釀造商家之一「太田家」。2 伴隨釀造歷史傳達其面貌的鍛冶町通。3 黑色木材牆面與白色窗框給人清新感受，接二連三都是建造起來相當費工又具匠心的商家或町家。

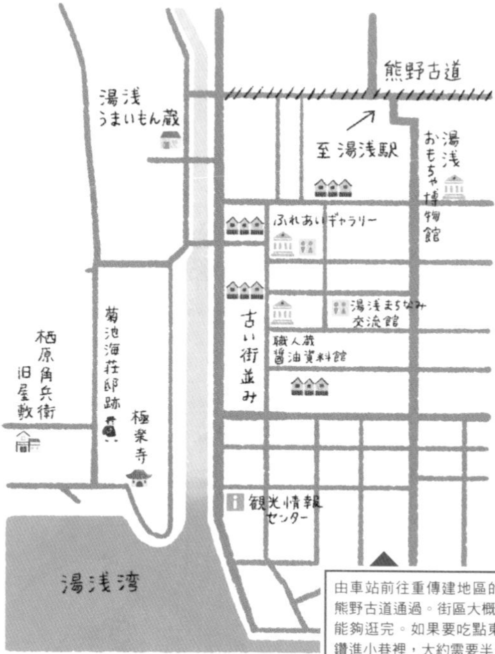

由車站前往重傳建地區的路上有熊野古道通過。街區大概花2小時能夠逛完。如果要吃點東西或者鑽進小巷裡，大約需要半天。

must

在發源地品嚐醬油

當地魩仔魚的捕獲量是該縣第一，搭配當地香氣十足的醬油做成「魩仔魚丼」，是來到湯淺務必要品嚐的料理。提供此菜色的店家非常多，也可以多吃幾家作為比較。不管是新鮮魩仔魚或者炸魩仔魚都能夠充分品嚐新鮮美味。

ACCESS 由湯淺站徒步約15分鐘抵達散步區域。前往湯淺站：新幹線 大阪站搭乘京都線特急約1個半小時。空路 自伊丹機場搭乘巴士約30分鐘至安倍野橋下車，由鄰近的天王寺站搭乘京都線特急約1小時15分鐘。空路 自南紀白濱機場搭乘巴士約20分鐘至白濱站轉乘紀伊國線特急約1小時抵達湯淺站。INFO 湯淺町地方創生品牌戰略推進課 TELL 0737-64-1112 HP www.yuasa-kankokyokai.com

滋賀縣
shiga

長濱市

長濱

新舊文化交雜
感受城下町風情

長濱是位於滋賀縣北部的城下町，於江戶時代因其為琵琶湖的宿場町而得以繁榮。既是宿場、也是大通寺的門前町，同時也是城下町，具備多采多姿的樣貌，此地縮緬及天鵝絨工藝也非常興盛。

散步至車站前一帶，就會看到歷史建築和玻璃的世界融為一體的「黑壁ＳＱＵＡＲＥ」、現存日本最古老的車站「長濱鐵道ＳＱＵＡＲＥ」、富商建造的明治時代迎賓館「慶雲館」等，沉浸於復古氣氛當中。而那被選為琵琶湖八景之一的「竹生島」搭船30分鐘即可抵達。乘上遊覽船遊蕩也是不錯的選擇。

在水道上搖擺的柳樹令人感到心曠神怡。除了江戶時代建築以外，也有許多明治時期的摩登建築。

「黑壁SQUARE」聚集了商店、工廠、特產餐廳等，非常受到大家喜愛。一不小心就會在這兒待上很久。

1 明治15年建造的「舊長濱車站」。有著美麗紅磚瓦的洋風車站建築是英國技師Holtham的設計。2 木造三層樓的摩登建築物是「舊開知學校」。於明治7年開校，也曾用於幼稚園、高等女學校等，目前用作會議室以及咖啡廳。3 代表長濱的近代和風建築「安藤家」。母屋開放一般參觀，不過北大路魯山人負責的小屋每年大約公開2次。

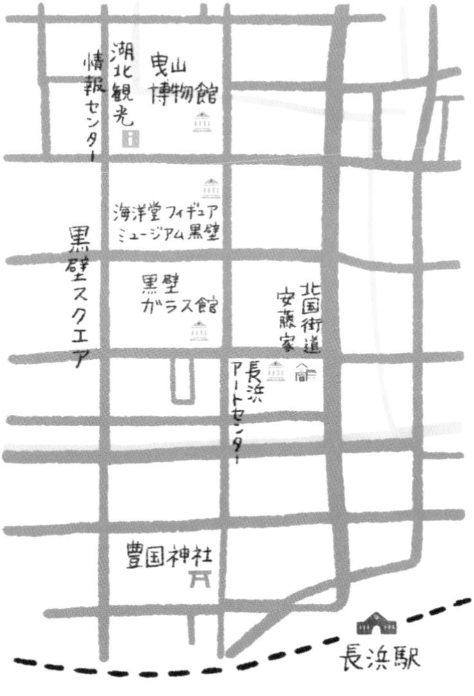

景點都集中在車站附近，散步起來非常方便。主要建築物與街道大約花費兩小時可以逛完。也可以購物和吃點東西。

point

鯖魚街道風格的鄉土料理

由若狹灣將海鮮運送至京都的路途便是鯖魚街道。位於半路的長濱有個傳統料理是「鯖魚麵線」。將烤過的鯖魚以甜辣口味的醬油熬過，搭配麵線一起享用。據說原先是用來搭配白飯的小菜。

ACCESS 由長濱站作為散步起點。前往長濱站：新幹線 米原站搭乘北陸本線約10分鐘。新幹線 名古屋站搭乘東海道本線特急約1小時15分鐘。由大阪站搭乘京都線新快速約1小時40分鐘。INFO 長濱觀光協會 TELL 0749-65-6521 HP kitabiwako.jp

吹田市

內本町 南高濱

據說是吹田起源地
風情萬種的建築物傳達出歷史氛圍

吹田由於在1970年舉辦大阪萬博而聞名，是片有著新興街道與大量歷史建築留存的土地。要在懷古街區散步，起點就是江戶時代的庄屋屋敷「濱屋敷（吹田歷史文化町造中心）」。目前是市民交流之處。濱屋敷附近的「高濱神社」自從於奈良時代成為吹田的大宮以後，長久以來都是當地民眾非常親近的神社，還請大家務必過去看看。

高雅的近代建築「舊西尾家住

高濱神社日常就有著源源不絕的進香客。此處位於街區的邊界，正好劃分出歷史街區以及昭和懷舊街區。

宅（吹田文化創造交流館）」與庭園中有石橋、相當優雅的「舊中西家住宅（吹田迎賓館）」也請務必參觀。

1 吹田歷史文化町造中心（濱屋敷）。以此處為中心有許多厚重的歷史建築一般住宅。2 由江戶時代起便身為庄屋的舊西尾家住宅（吹田文化創造交流區）。厚重門板內，母屋有著寬廣的雨遮屋簷、還有風情萬種的茶室等，相當有看頭。到參觀前一天都可以預約義工導覽解說。

ACCESS 由相川站到散步區域約徒步10分鐘左右。由JR線吹田站則步行約15分鐘左右。前往相川站：新幹線 新大阪站搭乘御堂筋線至西中島南方約1分鐘。由該處的南方站搭乘阪急京都線約15分鐘。前往吹田站：新幹線 新大阪站搭乘京都線約4分鐘。

INFO 吹田NIGIWAI觀光協會 TELL 06 - 6339 - 2301

HP https://www.suita-kankou.jp

point

懷思水道及風景名勝的渡船遺跡

吹田有連結京都與西國的水路，因此得以成為港町而繁榮。在神崎川與安威川合流處附近設有「吹田之渡」。據說風景秀麗經常有許多貴族來訪，在「攝津名所圖繪」上也描繪出此處渡船樣貌。

2～3小時或半天可以逛完的區域。歷史建築物以民宅為多，餐飲店等大多為當地人喜愛的現代店家。

兵庫縣
Hyougo

豐岡市

飄盪風情及氛圍的
「但馬小京都」

出石

出石町是曾出現在《古事記》與《日本書紀》當中的地名，也是城下町。處處皆是能讓人感受到江戶時代至現代時光荏苒的各式建築。踩上「出石城跡」最上層的稻荷神社石梯，穿過鳥居並能夠俯瞰城鎮一覽無遺。

來到城下有明治20年竣工的洋館「出石明治館」、富商舊邸「出石資料館」、江戶時代的高級武士屋敷遺跡「出石家老屋敷」等一路刻劃出走向現代軌跡

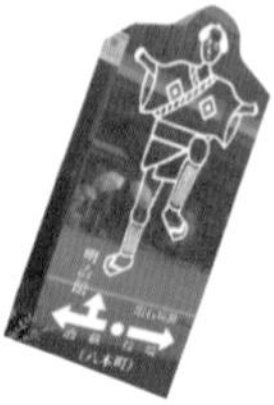

原先建造作為舊出石郡公所的明治館。目前經常性設有鄉土偉人們的展示。

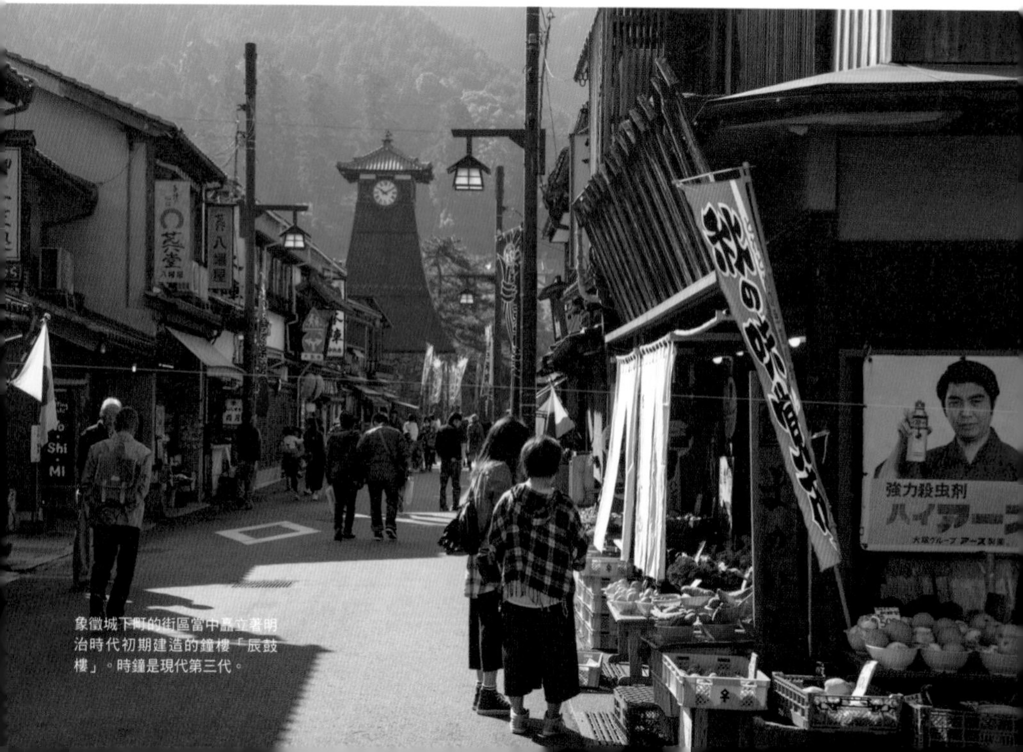

象徵城下町的街區當中矗立著明治時代初期建造的鐘樓「辰鼓樓」。時鐘是現代第三代。

的建築物。街道中心是明治時代起便刻寫著時間的日本最古老鐘樓「辰鼓樓」，是個非常受歡迎的紀念攝影照景點。明治34年開館的近畿最古老劇院「出石永樂館」也請務必參觀。

1 色調偏紅的土壁造倉庫是大約在70年前建造的出石酒造的酒藏。除了能夠試喝以古老方式製作的酒以外，也會舉辦酒藏音樂會等活動。
2 明治34年開館後一度閉館，但在平成20年又復活的劇院「出石永樂館」。在沒有表演活動的日子開放一般參觀，能夠欣賞古老的手寫看板以及舞台結構等。

ACCESS 由豐岡站搭乘巴士至出石下車，以辰鼓樓前的觀光中心作為散步起點。前往豐岡站：新幹線 京都站搭乘嵯峨野線約1小時至福知山站轉搭山陰本線特急約50分鐘。INFO 但馬國出石觀光協會 TELL 0796-52-4806 HP www.izushi.co.jp

must

大啖出石蕎麥麵

出石蕎麥麵是盛裝在出石燒小盤上，可以吃上許多盤的當地美食。一人分是五盤，搭配蛋、山藥泥、蔥、蘿蔔泥等多采多姿的配菜以及高湯享用。拜訪出石的話還請務必嘗過這道佳餚！

可以徒步、租借腳踏車、或者搭乘人力車來繞遍整個城鎮。景點很多，因此最好中餐也在此處享用，度過一整天。

兵庫縣
Hyongo

沿著河川散步 發現宿場町街區！

佐用町

平福

沿著街道走也不錯，不過石牆上接著白牆及土牆商家和土藏連綿的佐用川沿岸也別有風情。

平福過往是因幡街道首屈一指的宿場町而得以繁榮。沿著佐用川是連續整排白牆的川座敷及土藏群，留存著當時的繁榮盛景。

可以前往「平福鄉土館」一窺，該處的外觀重現了江戶時代町屋住宅，展示商家的民生用品。接著再前往同樣是從江戶時代便經營至今的醬油釀造元「辰乃屋醬油」，沿著佐用川散步。架在河上的金倉橋據說是宮本武藏在13歲時初次接受決鬥挑戰之處。還請想著那少年樣貌在河邊散步吧。

由古老街區到河岸、宮本武藏決鬥處都繞過一圈大概需要2小時左右。店家數量不多但可以在休息站等處品嚐當地美食。

具有300年傳統的「辰乃屋醬油」。受到當地人喜愛的是長期熟成而有濃厚口味的「三年醬油」。

ACCESS 由平福站開始散步。前往平福站：新幹線 大阪站搭乘特急約1小時45分至佐用站轉搭智頭急行5分鐘抵達。新幹線 姬路站搭乘山陽本線約35分至上郡站轉搭智頭急行約30分鐘抵達。INFO 佐用町役場商工觀光課 TELL 0790-82-0670 HP 34cho.com/kankou/shukubamachi-hirafuku

兵庫縣
Hyogo

龍野市

室津

參勤交代船隻往來 1300年以上的歷史

原先是迴船問屋（譯註：船務公司）的富商「嶋屋」轉為「室津海驛館」。在此能夠讓人懷思室津與海相連的繁榮歷史。

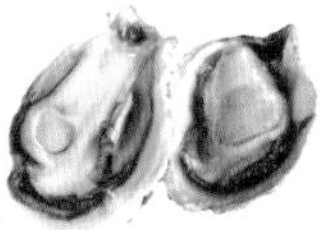

司馬遼太郎於其著作當中提到「海灣意外的小。正由於海灣如此之小，室津的風情也更加濃縮其中。」這就是兵庫縣的室津。由「室津港」開始鋪設的石板路、包圍在山海之間的古老民家都有著彷彿明信片般的風景，使人感受到此受到文豪喜愛的城鎮情趣。

在江戶時代相當少見的兩層樓建築「室津海驛館」、活用那足可代表室津的大規模町家打造的「室町民族館」希望大家都能去看看。四處皆可見讓人忍不住就想拍照的質樸景色。

在室津下了巴士，眼前便是港鎮。街道本身大概1小時可以逛完。也可以到海邊悠哉散步。

目前經營中的室津診療所並非古老建築，但也將高度以及格窗設計等列入建築考量，藉此與整個城鎮的風格統一。

ACCESS 山陽網干站搭乘巴士約25分鐘於室津港公車站下車後徒步5分鐘抵達散步區域。前往山陽網干站：新幹線 姬路站鄰近的山陽電氣鐵道本線姬路站乘車約5分鐘抵達飾磨站後搭乘往山陽網干方向車子約15分鐘。 INFO 龍野市觀光協會御津支部 TELL 079-322-1004 HP www.kanko-mitsu-hyogo.jp

大阪府
Osaka

富田林市

富田林

由寺內町轉為商業城鎮
大阪唯一的重傳建地區

自大阪市內搭電車不到一小時便能抵達此處。由近鐵富田林站下車後，馬上就能來到一片有如江戶時代展現在眼前的富田林寺內町。景點非常多，因此建議可以先到「寺內町交流館」收集資訊。這個城鎮起源是以「興正寺別院」為中心發展起來的。瓦片屋頂建築連綿的景觀到了現在仍能給人一種寺內町的氛圍。

自豪的特產屑烏龍

京都「興正寺」上人建造的「興正寺別院」。由此往東南西北各約四百公尺長的地區發展為寺內町。

江戸時代興起油及木棉等產業，以當時的「仲村家住宅」為首，留存了許多古老而優良的日本房宅。當中以「舊杉山家住宅」為寺內町最古老、最大的南河內地方農家風格建築，相當豪華具一窺價值。

1 國家重要文化財「舊杉山家住宅」。是自寺內町形成起便一路傳承至今的舊宅，最興盛時期據說是工作人員超過70人的釀酒商。現存的建築當中自1650年便建造好的土間最為古老，1734年時就已經打造出如今的樣貌。2 被選為日本之道100選的城之門筋。寺內町目前600間町屋當中有221間是傳統町家建築。

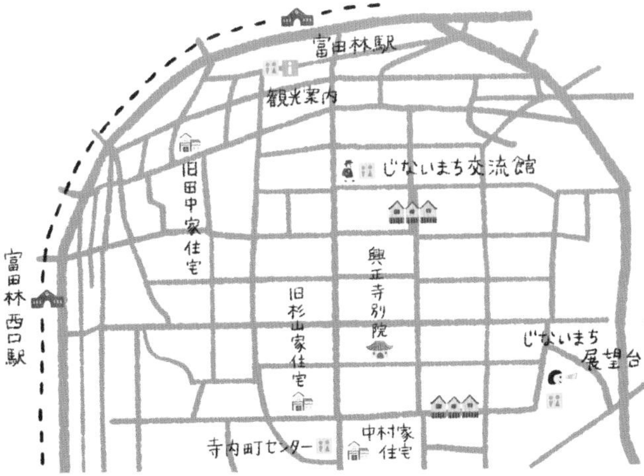

point

城鎮整體述說「四季物語」

活用由17世紀起到大正的建築物作為古民家咖啡廳或者雜貨店的店家日漸增加，為此地打造出嶄新魅力。城鎮整體也會一起舉辦「雛巡迴（照片）」或「寺內町燈路」等與四季相關的活動。

參觀街道及設施、繞繞咖啡廳和雜貨店大概就要花費半天到一天左右的時間。也可以看看四季相關的「物語」。

ACCESS 由富田林站&富田林西口站（鄰近）徒步約10分鐘抵達散步區域。前往富田林站：新幹線 新大阪站搭乘OsakaMetro御堂筋線約20分鐘至天王寺站下車，前往鄰近的阿倍野橋站。換乘近鐵南大阪線約45分鐘。INFO 富田林市商工觀光課 TELL 0721-25-1000 HP www.jinaimachi.jp

column

小京都與小江戶

滋賀縣彥根市／小江戶

所謂小京都一般來說是指加盟地方自治單位合作組織「全國京都會議」後自主提出「小京都」之名的鄉鎮縣市。2020年6月為止小京都和與京都相關共有41個鄉鎮縣市（包含京都）加入此組織。

一般來說鄉鎮市可以自由稱自己是小京都的。加入「全國京都會議」的條件是符合下列三項中一項以上，不過就算不加入組織，也可以自稱小京都。

・與京都有相似的自然景觀、街區或者風貌

・與京都有歷史上的關連

・當地有傳統產業及藝能

小江戶與小京都一樣，一般來說是稱呼具備江戶氛圍的城鎮、或者是與江戶有相當深刻關連的地區。小江戶這個詞彙本身存在已久，並沒有明確的定義。

1969年由栃木縣栃木市發起、在埼玉縣川越市及千葉縣香取市響應下，三個都市舉辦了「小江戶高峰會」。之後小江戶一詞的地位便大幅提升。此稱呼不需要獲得許可，可以自由取用。

埼玉縣嵐山町／小京都

自稱為小京都或小江戶，可以表現出該地區的魅力，藉此提升城鎮形象也能對觀光事業有所幫助，同時也能提高當地居民保存街區的意識等，優點非常多。

chapter

4

東海・北陸

TOKAI / HOKURIKU

1 白川郷 90
2 郡上八幡 92
3 高山 96
4 伊勢 98
5 常滑 100
6 高岡 102
7 有松 104
8 井波 106
9 下田 108
10 關宿 110
11 五箇山 114
12 白峰 116

岐阜縣
Gifu

白川村

白川鄉

被稱為日本的原風景
留有相互扶持習慣的故鄉

即使是第一次見到白川鄉景觀，仍令人感受到一股懷舊感。此處被登記為世界遺產，國內外都有許多旅行者來訪此地。屋舍沿著庄川整齊排列為同一個方向，是為了避開強風。稻草屋頂的陡斜是為了不讓雪堆積在屋頂上，整個城鎮是配合自然環境打造而成。

此山里大小100棟左右的合掌造屋當中大多都還在使用，這是靠著居住在當地的居民互助才

由庄川引來的水路穿越每個家庭。山間狹窄土地上房屋相連而居的建築方式需要在相互扶持的機制上多加努力。

能達成。為了要繼承流傳下來的文化，也有許多種田、賞螢、割稻、堆雪屋等配合四季的體驗活動。也有很多可以參觀內部的民宅、合掌造工法建築的民宿等，有各種享樂方式。

1 為了在嚴苛的大自然當中生活，合掌造屋宅建造得非常結實，是由非常熟練的木匠打造而成。幾乎所有房子一樓都是起居室、二樓以上的天花板下空間則是養蠶的房間。 2 兩處瞭望台不管從哪處向下看，都是一片古老民間故事的景色。

ACCESS 由白川鄉巴士站開始散步。前往巴士站：新幹線 金澤站搭乘高速巴士約1小時20分鐘。新幹線 富山站搭乘高速巴士約1小時20分鐘。新幹線 名古屋站搭乘高速巴士約2小時30分鐘。空路自小松機場搭乘巴士約40分鐘抵達金澤站。空路 自富山機場搭乘巴士約20分鐘抵達富山站。 INFO 白川鄉觀光協會 TELL 05769-6-1013 HP shirakawa-go.gr.jp

must

務必要參觀野外博物館

「合掌造民家園」是從聚落內將25棟合掌造建築移至此地的設施，除了可以仔細參觀以外，水車小屋、寺廟、神社等也都一併原封不動搬了過來，是非常貴重的設施。重要文化財相當多，也可以在此品嚐濁酒、黍特製的冰淇淋、蕎麥麵和甜點等。

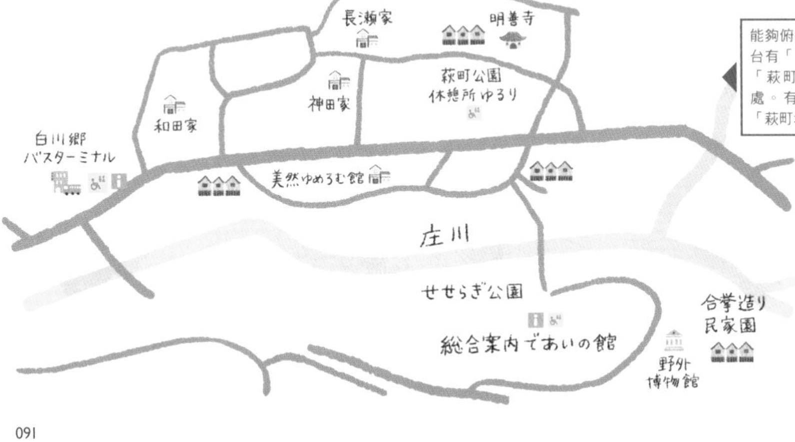

能夠俯瞰聚落整體的瞭望台有「天守閣瞭望台」與「荻町城跡瞭望台」兩處。有接駁車可以前往「荻町城跡瞭望台」。

岐阜縣
Gifu

郡上市

郡上八幡

由地形與郡上人培育出生氣蓬勃清流文化的城下町

道路兩旁林立町家及商家的職人町街道。掛在屋簷下的水桶是此城鎮與水共生的證據。

郡上八幡幾乎位處本州正中央之處，是具有日本這個國家特徵的清澈水源、名城與人情風土共存於現代的城鎮。這兒有著「水之鄉」、「郡上踊」、「天空之城」等各式標籤，但走在街道上最容易感受到的還是與水共存的生活吧。以長良川為首，自奧美濃群山流向此處的三條河川於此合流，清流便是此城鎮珍貴的財產。

目前城鎮規劃仍保留江戶時代城下町大改造時所建設的建築物。由於曾發生大火因此引來許多水源，讓整個城鎮充滿水路。整齊排列的町家與商家窗櫺給人深刻的印象。每家每戶掛在門口的水桶，是為了在發生火災時能夠立刻自水道中汲水滅火。

「職人町」、「鍛冶屋町」、「柳町」等，沿著水路到處延伸的小巷，在在都是令人想深刻品味的散步之處。

1 吉田川岸邊設置有可以直接由河川連結各家的石階梯。 2 右手邊的柳樹下是「日本名水100選」第1號湧泉水「宗祇水」。 3 有好喝的水，就有好吃的蕎麥麵。

用作遊客觀光中心的舊廳舍紀念館旁流動的水道是「IGAWA小徑」。當中游著鯉魚的清流與民家的後門相連，也會被居民用來冰鎮西瓜或者清洗蔬菜等。

並行的街道一路到底寺廟總共有13間。這也是守護城堡街道的特徵。「職人町」、「鍛冶屋町」正如其名是在城下工作的人居住之處。巷口非常狹窄，深處是一字排開的庶民住處。「柳町」則是武士聚集的武士家宅街道。如果花一整天在此散步，就能夠看到城下町整體結構、親身感受由江戶至今的人們生活方式。另外也有散步道路通往能夠俯瞰整個城鎮的八幡城。沿著吉田川周邊是寺院屋瓦及整齊民家的景觀，花費20分鐘走到上頭非常值得。

point

光用看的就覺得緊張刺激

遊客觀光中心（郡上八幡舊廳舍紀念館）旁邊的新橋是高度為12m可以跳進吉田川裡有名的景點。孩子們跳進水裡的樣子讓人感受到他們豪放的樣子。

「YANAKA水之小徑」周邊是咖啡廳和餐飲店等，非常熱鬧。

must

在眼前及心上都留下印象

和風咖啡廳「宗祇庵」有許多震撼人心的菜單。由好幾層材料堆疊、象徵著「郡上踊」的抹茶藝術和風甜點「宗祇庵聖代」非常受到歡迎。

1 走到那「在街上無論何處都能看見」、「天空之城」八幡城大約徒步20分鐘左右。在朝日及雲彩當中能見到夢幻景色。2 白天的「YANAKA水之小徑」是當地人買東西時會在路上休息的場所。3 使用耐熱的朴葉代替鍋子來擺放風味十足的味噌、飛驒牛及山菜等，做成口味質樸的朴葉味噌燒。4 由樟科樹木採下的肉桂製成甜點的老店「櫻間見屋」，可以試吃「肉桂玉」。5 留有許多特重要文化財指定建築物的柳町。6 岐阜縣鄉土料理之一「雞肉燒」。基本上是將雞肉與蔬菜和香氣十足的味噌底醬料拌在一起。

應該去逛逛的大街小巷、品茶享用美食的地方很多，因此建議花上一天或乾脆住一晚。「郡上八幡博覽館」每天都會有日本三大民謠之一「郡上踊」的表演。

3

2

1

6

5

4

ACCESS 由郡上八幡站搭乘巴士約15分鐘抵達「城下町PLAZA」作為散步起點。前往郡上八幡站：新幹線 名古屋站搭乘特急WIDEVIEW約40分鐘抵達美濃太田站後轉乘長良川鐵道約1小時20分鐘。**INFO** 郡上八幡觀光協會 **TELL** 0575-67-0002 **HP** www.gujohachiman.com/kanko

岐阜縣
Gifu

高山市

高山

東南西北文化交流處 懷舊與摩登的混搭

由於幾乎位處日本中央，是山中的大聚落等理由，飛驒高山地區自古以來就是東南西北交易及資訊往來之地。江戶時代富山灣捕獲鰤魚之後運送途經此處，因此成為越中街道的停宿場所，也是天領而一躍為飛驒的經濟中心。此處誕生了許多富豪，他們的屋宅如今也還支撐著這個懷古街區。

　重傳建地區的範圍非常寬廣，與宮川平行的三條道路上處處皆

這棟建築物到昭和43年為止都還是高山町公所，之後才用來作為活動中心。具有兩個土藏的和洋折衷建築物是市政府指定的文化財。

有重要文化財。三條道路以三町來表示，並且區分為上下而為「上一之町」、「下三之町」這樣的區域劃分。只要每條路都走過，就能在觀賞建築物之餘同時選擇邊走邊吃、買東西或者探訪歷史文化等自己喜愛的方式。

1 三上町一帶是有著黑色塗漆木格的美麗街區。此區有很多酒屋、味噌、醬油等商家。2 整治過後的宮川兩旁的護岸及水路都設置為兩層樓式，非常獨特。城下町時代也是外堀（護城河）。

ACCESS 由高山站徒步約10分鐘抵達散步區域。前往高山站：新幹線 名古屋站搭乘特急WIDEVIEW約2個半小時。新幹線 富山站搭乘特急WIDEVIEW約1個半小時。空路 自外山機場搭乘巴士約20分鐘抵達富山站。INFO 高山市觀光課 TELL 0577-32-3333 HP kankou.city.takayama.lg.jp

must

傳統點心

高山此處有著美味餐點的店家可是多不勝數，在古民家咖啡廳也有很多可以邊走邊吃的點心。飛驒牛可樂餅是菜單上一定會有的料理，還有傳統風格非常質樸的朴葉壽司、烤糰子等等也請務必嘗嘗。也有很多店家會在客人面前烤糰子，基本上是不帶甜味、香氣十足的醬油口味。

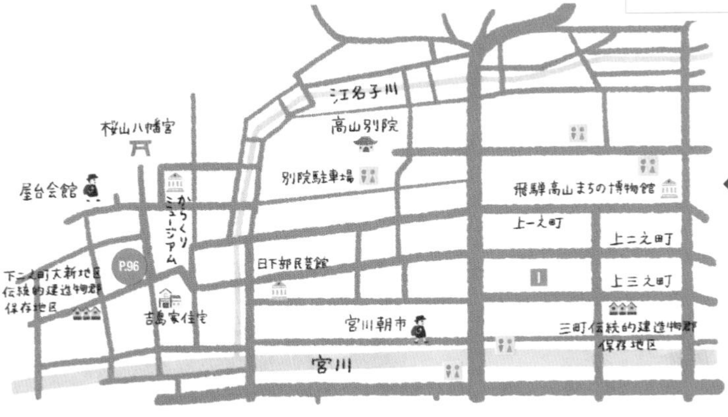

迂迴繞遍大街小巷也很不錯。若是趕時間就半天，但若方便的話就在此逗留整天吧。如果想看看此地特有的早市，最好在八點以前抵達。

三重縣
Mie

伊勢市

伊勢

由於伊勢參拜而熱鬧異常
魅力多采多姿的神之都

自古以來此處就是參拜伊勢之人的憧憬之地。伊勢就位於神宮山腳下，其具有豐富歷史與懷古感的街道仍然健在。有傳統風格的町屋一字排開的是內宮鳥居前的「厄除町」，位處其一角的是「御蔭橫丁」（譯註：御蔭表示受到庇護，一般引申為托福之意）。這是為了感謝「御蔭」之神因此招待他人的伊勢文化。有很多土產店和餐飲店，熱鬧的樣子就與江戶時代的伊勢之路沒有

河崎的風景是在五十鈴川沿岸有著整排倉庫的樣貌。從伊勢神宮步行到河崎大約是4公里左右，稍微有些距離，如果想散步過去的話記得多留些時間。

兩樣。

另外還有其他地方也別具風情。「神宮徵古館」、「神宮農業館」、「神宮美術館」這些博物館是融合了復古西洋建築與歷史的現代建築，因此建築物本身也非常值得一看。因為水運而繁榮的「伊勢廚房」河崎，則留有倉庫、商人館等批發商樣貌。

1 位於厄除町，同時也販賣伊勢神宮相關周邊的五十鈴川郵局。如果在這兒將郵件寄出，就能夠蓋此處獨有的風景戳章。2「厄除町」中整排民家風格的土產店和餐飲店。整齊的街道滿溢著木質風情。

ACCESS 伊勢市站&宇治山田站（鄰近）起徒步5分鐘抵達伊勢神宮外宮。前往內宮須由伊勢市站&宇治山田站搭乘巴士約10分鐘。前往伊勢市站：新幹線 名古屋站鄰近之近鐵名古屋站，搭乘近鐵名古屋線特急約1小時20分鐘。新幹線 大阪站搭乘大阪環狀線外回約15分鐘抵達鶴橋站後換乘近鐵大阪線特急約1小時40分鐘。 INFO 伊勢市觀光協會 TELL 0596-28-3705 HP ise-kanko.jp/main

must

拌上濃厚湯汁

作為午餐或點心都非常合適的「伊勢烏龍」。這是將柔軟的麵條拌上濃厚醬料，相當獨特的烏龍麵。以伊勢神宮參拜道為首，路上幾乎到處都有提供這種輕鬆的靈魂餐點，是最具「快速」、「便宜」、「美味」特質的代表性食物。

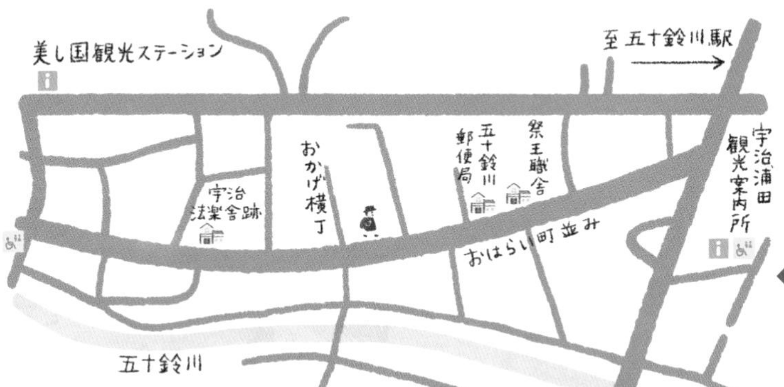

來到這裡務必要去參拜伊勢神宮，因此請規劃半天至一天的行程。如果要去河崎散步，建議可以租借腳踏車。

愛知縣
Aichi

常滑

常滑市

海洋與土壤共生
令人感到安穩的窯燒街

常滑的歷史是由海運及窯燒物編織出來的。散步的中心地點大野町是從前被稱為「大野湊」的港鎮，迴船問屋等商家都還留有能讓人回想起當時繁榮景況的樣貌。祈求漁獲豐收、海上平安等的寺廟神社也很多，能夠明確了解此處與海洋生活有多麼深的連繫。

由於海運興盛而遍及全國的便是質樸的常滑燒。在窯烤物城鎮常滑當中，也能在街道上感受到窯業傳統氛圍。

「土管坂」的道路兩旁分別是土管以及燒酒瓶，相當風趣。近代化產業遺跡的登窯那10支煙囪充分傳達明治到昭和年間的窯烤歷史。也有許多工房可以體驗陶藝。還請務必挑戰看看。

燒酒瓶及保護瓶子的材料一起埋進道路當中，兩旁是過往的工作場所以及民宅，風景相當獨特。

常滑燒據說是在平安時代興起的，其魅力在於質樸調性。作業場所也都多半非常玲瓏。

1 近代風格的街道背景矗立著煙囪。2 要為登窯添薪柴需要熟練的技術。燒窯的時候會從所有煙囪一起冒出煙來。3 土管坂的「窯燒物散步道」也可以去繞繞活用從前工廠改造的咖啡廳或商店。

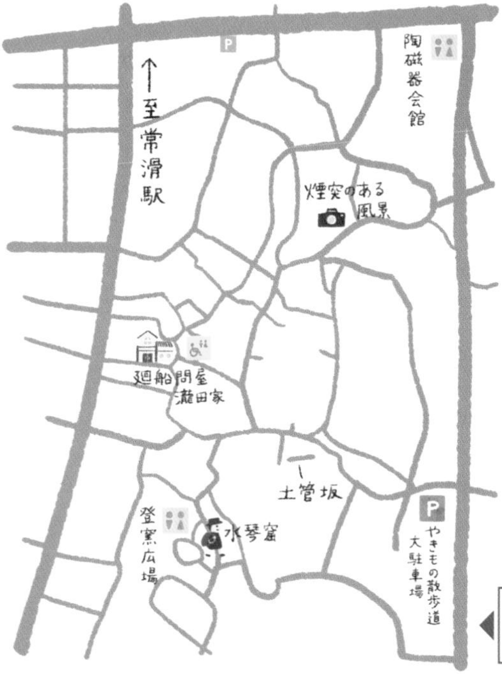

point

由招財貓守望的街道

圓圓頭身一比一、大大而下垂的眼睛、抱著小判銅幣的招財貓被稱為「常滑系統招財貓」，常滑這兒的生產量可是日本第一。由39隻招財貓排列而成的「常滑招財貓通」上還有高3.8m、寬6.3m的「常滑喵」等名產招財貓景點，令人放鬆心神。

一般繞一圈需要半天，如果希望能夠順便吃吃喝喝、買點東西那就花一天。有許多凹凸不平的路面，還請穿雙好走的鞋子過去。

ACCESS 由常滑站徒步約10分鐘抵達散步區域。前往常滑站：新幹線 名古屋站鄰近之名鐵名古屋站搭乘名鐵名古屋本線特急約30分鐘。空路 自中部國際機場搭乘名鐵機場線約5分鐘抵達常滑站。INFO 常滑觀光協會 TELL 0569-34-8888 HP www.tokoname-kankou.net

高岡市

高岡

位處加賀藩膝下而繁榮
職人與商人的積極向上之心仍在

市民代步用的路面電車

高岡城是由加賀藩主前田利長所建，此處便是以城下町之因發展起來的。同時這兒也是歌人大伴家持赴任之地，由於他在此留下許多和歌，因此這兒也被稱為「萬葉之里」而聞名。

進入江戶時代以後高岡城廢城，為了不讓城鎮也荒廢掉，前田家的政策是為這兒引進鑄物產業，當時有許多鑄物職人聚集居住於「金屋町」。那有著千道木格窗的町家後頭還有作業場，因

普通的商家屋簷下到處都能看見銅像的街道「金屋町」。建築物那整齊有序的格子窗也令人印象深刻。

此結構上都非常深。道路兩邊鋪滿銅片，到處都是銅像。另一個街區被稱為「山町筋」。除了米與綿以外，經營生活必需品生意大獲成功的富商們，讓此處林立著由明治到昭和年間建造的藏造屋敷。

1 被稱為「土藏造町並」的「山町筋」。木格子上有黑瓦屋頂、與隔壁房屋之間的防火牆磚瓦與厚重且飄盪著摩登氣息的土藏造「菅野家」。2「金屋町」的別稱是「千本格子家並」。當地將這種格窗稱為「SAMANOKO」，搭配上鋪設銅片的石板，打造出整然有序的景色。

point

日本第一的美男子？

高岡大佛是日本三大佛之一，由於外觀甚佳因此被稱呼為日本第一美男子。原先是木造的，但後來集結此鑄物之地的技術，花費26年以銅器製之技術精萃在1933年重新打造完成。由高岡站徒步約10分鐘左右。

ACCESS 由高岡站徒步約15分鐘抵達散步區域。前往高岡站：新幹線 富山站搭乘愛之風富山鐵道約20分鐘。新幹線 新高岡站搭乘城端線約5分鐘。新幹線 金澤站搭乘IR石川鐵道約40分鐘。空路 自富山機場搭乘巴士約30分鐘抵達高岡站。INFO 高岡市觀光協會 TELL 0766-20-1547 HP www.takaoka.or.jp

先走到離車站比較遠的金屋町，再回頭去繞山町筋。街區之間多少有點距離，包含吃點東西和參觀大佛的話，最好安排一整天。

愛知縣
Aichi

名古屋市

有松

在風中飛揚的藍色 城鎮中名氣高昂的絞染之里

有松街道上是整排氣派不輸給江戶的町屋。不過以前這兒可是盜賊出沒的荒郊之地。為了整頓此地，尾張藩招募移居者來此而誕生了有松城鎮。之後因為農地不足，副業絞染反而發達了起來。「有松絞染」成為東海道的名產，整個城鎮因為身為絞染之里而大大聞名。

江戶後期的大火造成城鎮一度燒光殆盡。之後便打造出了現在的樣貌。仔細觀看沿路的建築

有著白色灰泥的海鼠牆土藏是寬政2年創業的絞染批發「服部家」的土藏。包含土藏和門等物品在內，共有11棟是指定文化財。

物，會發現磚瓦屋頂、木柱都是以灰泥仔細塗抹打造的「塗籠造」，與隔壁屋宅也隔著「卯建」等，做了許多防火措施。家戶掛著藍染門簾的街道，就像是浮世繪描繪的風景一般。

1 屋宅後是水門及整治過的水路，平常會用來洗蔬菜、洗衣服等。2 絞染製作的手帕和浴衣等都受到往來東海道旅客的喜愛。現在也還有許多間老店。

ACCESS 由有松站徒步約5分鐘抵達散步區域。前往有松站：新幹線 名古屋站鄰近之名鐵名古屋站搭乘名鐵名古屋本線準急約15分鐘。空路 自中部國際機場搭乘名鐵名古屋本線約20分鐘。INFO 名古屋convention & visitors bureau TELL 052-201-5733 HP www.nagoya-info.jp

point

打造自己的絞染產品

「有松絞染」被認為有著世界上最多的絞染技法。這由200年前就受到大家喜愛的東海道名產，已經進化為洋裝或飾品等，仍然受到歡迎。也有很多工房可以體驗染色，能夠打造出自己的絞染產品。

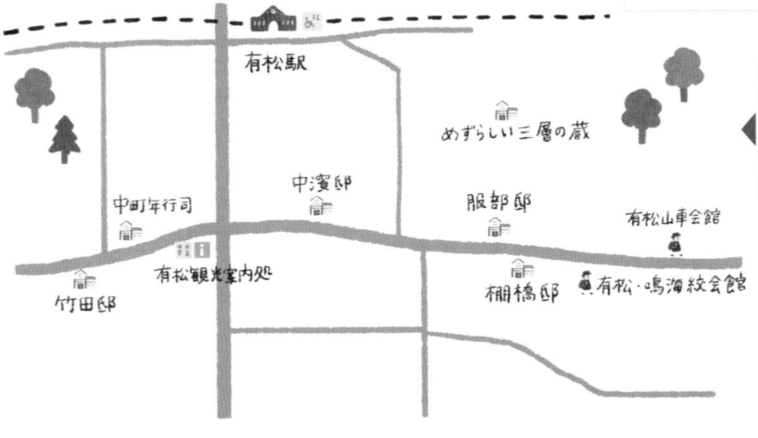

令人感到懷古的街道沿著道路走不到一公里。看過傳統建築物以後，可以體驗一下自己打造染色手工土產。

富山縣
Toyama

響徹木槌溫和聲響 趣味十足的石板路門前町

南礪市

井波

井波是日本屈指可數的木雕城鎮。位於城鎮中心的「八日町通」有許多雕刻工房，走在那石板路上就能聽見雕刻工房傳來師傅們敲打木槌的聲音。

掌握木雕城鎮歷史關鍵的，正是位於城鎮中心的「瑞泉寺」。江戶時期寺廟被燒毀，為了重建而向許多自京都前來的木工請教，最後發展出「井波雕刻」。之後歷經數次重建，瑞泉寺終於有了現今的樣貌，到處留有精緻

由路上往店裡看有時也能看見一些相當有味道的木雕工作。

由街道走往瑞泉寺是筆直的八日町通。如此小的城鎮卻有據說超過100間雕刻工房在此。

的井波雕刻。

古老街區當中混有新穎建築物，步於其中仍不失其趣，自然是由於木雕這個文化至今仍存活在此。

1 在參拜道一旁的直線小巷也風味十足。可以從房屋和後門一帶感受到人們的生活。2 正如其宣傳標語「信仰與木雕之里」所說，參拜道留存著過往那令人懷念的街道感。

point

在木雕街收集貓咪

井波的街道上不管是巴士站或者電話亭等，到處都有雕刻，簡直就是木雕美術館。八日町通上據說藏著28隻木雕貓咪。偶爾也會有新人加入，還請在散步的時候找找看。

ACCESS 新幹線 富山站搭乘巴士約1小時抵達瑞泉寺前巴士站作為起點。空路 自富山機場搭乘巴士約40分鐘抵達富山站。 INFO 南礪市觀光協會 TELL 0763-62-1201 HP www.tabi-nanto.jp

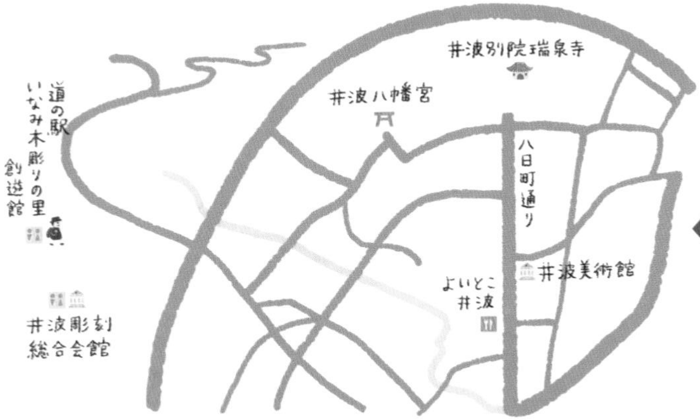

慢慢走過參拜道前往瑞泉寺參拜大概需要一小時。公車班次並不多，因此請確認車次時間來調整散步速度。

下田市

下田

讓思緒馳騁於古老日本與遙遠異國

自從鎖國以後，日本第一個開國港就是下田，而下田港也因此而聞名。想來只要聽到下田這個地名，應該大家都會想起幕末時代培里到日本的事情吧。在這樣的港口城鎮下田當中，現在也留存有明治～昭和的復古街道。

據說培里一行人曾走過的「培里路」，其日本風格興味與異國氛圍混搭的風格魅力十足。石板路邊楊柳隨風飄揚，一整排傳統式建築物。而隔壁那條路則被稱為「古町通」，是留有具備海鼠牆家宅的街道。那有著白色灰泥格子、圖樣清麗的海鼠牆是下田地區常見的樣式。

仍留有花街樣貌的培里路。有許多帶著復古氛圍、拍起來非常上相的景點。

商家的倉庫結構非常結實而豪華，黑白色調的格子相當清爽，有很多海鼠牆都是這樣的設計。

■1 有許多經年累月之後更有味道的建築物。因為當中也有許多已經改為咖啡廳或雜貨店，若都走進去看看，時間可是會匆匆飛逝的。■2 水路的夕陽景色有如一幅圖畫。週遭也有很多溫泉，可以試著規劃住一晚的行程。■3 若要由港口前往日美和親條約（神奈川條約）交涉地了仙寺就走培里他們走過的培里路。也可以探訪黑船到日的城鎮歷史。

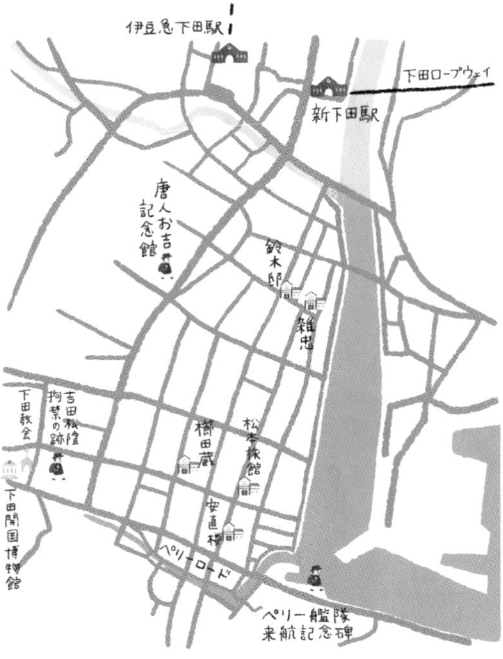

懷古街區本身大概2小時左右可以走完，如果還想要吃點東西、參拜了仙寺等景點的話，也可以安排個半天～一天。

point

日本第一的繡球花園

位於高台的下田公園是整年都有季節花卉綻放的好地方，但特別閃耀動人的就是繡球花季了。300萬朵繡球花爭相綻放的美麗實在非常有魄力，令人無法忘懷那景色。越過繡球花俯瞰街道也別有風情。

ACCESS 自修善寺站搭乘巴士約100分鐘至松崎巴士站作為散步起點。前往修善寺站：新幹線 三島站搭乘伊豆箱根鐵道駿豆線約40分鐘。 INFO 下田市觀光協會 TELL 0558-22-1531 HP www.shimoda-city.info

三重縣
Mie

龜山市

關宿

能夠享受時空旅行
走在東海道的歷史上

刻有關宿之名的石碑

1 夜晚也相當具風情的宿場光景。在沒有電燈的過往時光中，人們眼中這兒是什麼樣子呢？2 非常宏偉的山車倉庫。夏日祭典的傍晚，山車會由此處出發，繞行往年的宿場町。

關宿是東海道五十三次第47號宿場町。由於位處路線分岐之處，參勤交代與伊勢參拜的人群都會行經此交通要地，使此地大為繁榮。表通長約１．８公里就有４００多間建築物擠在一起，沿途現在也還留有２００多間房子保留著當時的樣貌。走在路上會覺得自己就像是江戶時代的過客。

　目前留下來的建築物當中，大多是江戶時代至明治時代建造

相連的町屋在往年是東海道上不可欠缺的宿場町，因此相當繁榮，目前也還留有那種活力。保存狀態好到讓人覺得那時的旅客仍在此處往來。

的町家。以住宿處為中心繁榮起來的中町現在也還有保留許多當時建築樣式的旅館及土產店，甚至有些屋子外頭的柱子還留著繫馬用的環圈等。屋簷下有防範下雨的雨遮、還有蟲籠窗、灰泥雕塑、瓦片裝飾等各式各樣環節，令人不禁仔細觀察起細節。

除了觀賞以外，也有很多房子可以實際走進去，這是最令人開心的。希望大家一開始先前往「關宿旅籠玉屋歷史資料館」。這是關宿規模首屈一指活用旅館

用心打造的古老建築物上會出現的蟲籠窗。關宿有各式各樣不同型態的蟲籠窗及窗檽、屋瓦裝飾等。

黑漆漆的屋頂有灰泥及木材等，各式各樣的造屋方式排列在一起，非常有宿場町的風情。蟲籠窗和雨遮等都能看見各家各戶過往下的功夫，請試著多觀察細節。

建築物的資料館。除了文獻資料以外，也展示旅社中使用的工具、模仿工作人員打造的人偶等，能夠貼身體會宿場町的歷史。

以往這是個旅途中的城鎮。現在則希望大家以此處為旅途目的地而來訪，是個魅力十足的場所。

設於宿場町相當顯眼之處的高札所。由幕府下的公告、通緝書、每個宿場的住宿費用規範及限制等，全部都寫在木板上掛在此處，是江戶時代的公告欄。

must

引發旅行鄉愁的旅社丸子

使用米粉製作的皮包裹餡料的「志玉」是代表關宿的點心。特徵在於以三種神器之一的勾玉為概念打造的彩色印記。還曾有和歌詠唱「見志玉憶起那遙遠旅途的宿場町」，是從江戶時代傳承到現在的點心。

1 可以參觀內部的建築物也非常多，正是關宿的魅力之一。到處都是能夠沉浸在江戶風情的空間。2 在以往，旅行是只有特別的人、為了特別的事情才會去做的。真希望能在懷古風格的土產店裡，讓思緒馳騁於意義深遠的紀念品當中。

過往曾為宿場的區域，從頭走到尾大概需要兩小時左右。宿場町整體的保存狀態良好，最好也保留一下用餐和入內參觀的時間。

ACCESS 由關站徒步約10分鐘抵達散步區域。前往關站：新幹線 名古屋站搭乘關西本線（往龜山）約1小時15分鐘至龜山站，接關西本線（往加茂）約6分鐘。 INFO 龜山市觀光協會 TELL 0595-97-8877 HP kameyama-kanko.com

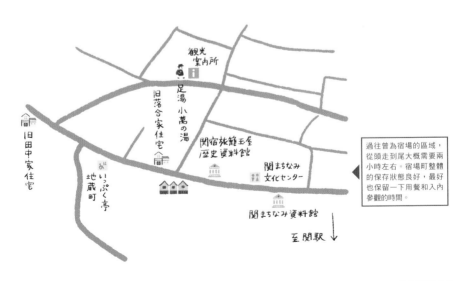

富山縣
Toyama

南礪市

由山間探頭
奇蹟般的鄉愁風景

五箇山

這是環境嚴苛到幾乎被稱為秘境的山岳地區。或許正因如此才保留了過往的傳統生活。五箇山的合掌造聚落有兩處，兩處分開要搭乘巴士15分鐘才能抵達。

距離高速公路五箇山交流道比較近的「菅沼」有13棟；而「相倉」則留有24棟合掌造建築。全部都是400多年前建造的，除了現在仍為民家的建築以外，也有很多活用作為參觀、各種鄉下生活及體驗、旅館設施等。

樸質的民藝品陳列在狹窄的菅沼土產店中。

爬上相倉聚落的小徑20分鐘左右抵達瞭望台放眼望去的美麗景色。也可以拿著便當和飲料，在瞭望台的長椅上享用。

1 自群山之間露臉的菅沼聚落。是讓來訪者驚豔的情景。居住在此地的人們以養蠶、製紙、生產火藥原料鹽硝等維生。2 也可以留宿此地體驗日夜不同氛圍。

兩個聚落大概都是1～2小時散步的範圍，也可以花一天將兩個都走過。當然也推薦留宿於合掌造的旅舍當中。

must

歷史口味冰淇淋？

菅沼聚落「鹽硝之館」當中展示著打造火藥原料鹽硝的資料。模仿火藥感製作的鹽硝冰淇淋有著滑順口味卻在口中有著劈啪口感，落差非常有趣。

ACCESS 由城端站搭乘巴士25分鐘至相倉口巴士站，或搭乘巴士約30分鐘至菅沼巴士站作為起點。巴士可由金澤站、高岡站、新高岡站搭乘約1小時左右抵達。前往城端站：新幹線 新高岡站搭乘城端線約45分鐘。由高岡站搭乘城端線約55分鐘。空路 自富山機場搭乘巴士約40分鐘抵達富山站。由富山站搭乘愛之風富山鐵道約20分鐘抵達高岡站。INFO 南礪市觀光協會 TELL 0763-62-1201 HP www.tabi-nanto.jp

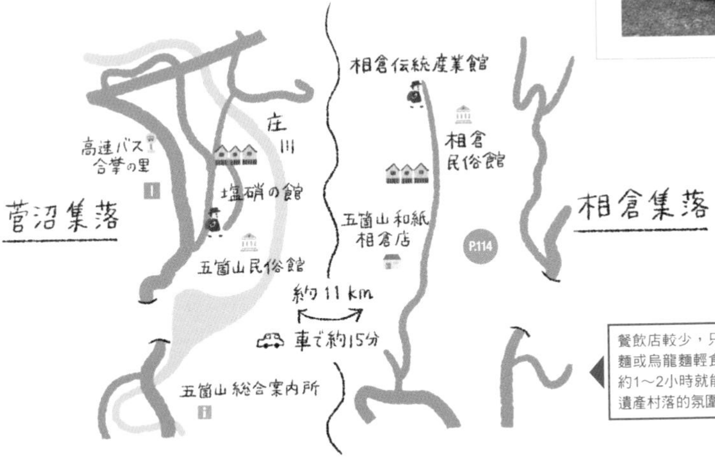

餐飲店較少，只有一些賣蕎麥麵或烏龍麵輕食之處。大概繞約1～2小時就能充分品味世界遺產村落的氛圍。

白山市

白峰

在雪與大自然環抱中 復古的山中村落

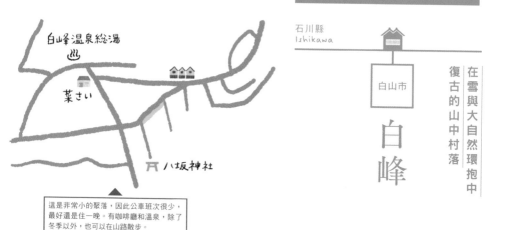

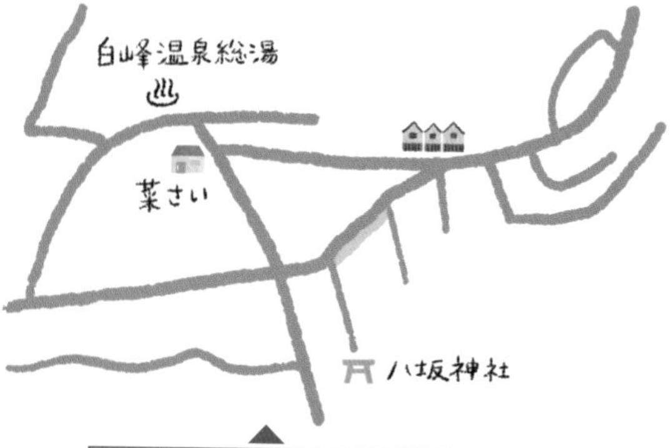

這是非常小的聚落，因此公車班次很少，最好還是住一晚。有咖啡廳和溫泉，除了冬季以外，也可以在山路散步。

白山是日本三靈山之一的靈山，位於白山的古老養蠶村莊便是白峰。歷史建築連綿的街道，與其說是山中村莊，其實看上去還比較像是町場。能夠看出此地人們活力十足的樣貌。

土牆與木板牆重疊的傳統式建築家宅、使用特別蠶絲打造紡織品「牛首紬」的工房、活用古民家改造成的咖啡廳等，到處都是能讓人感受到歷史氛圍之處。也請務必嘗試這個地區自古以來就會用栃木（無患子）果實製成的甜點。這兒是個讓人想呼吸山中新鮮空氣、慢慢散步的城鎮。

1 積雪季節可以盡情享受溫泉。2 知名美肌溫泉「白峰溫泉總湯」。

約180年前建造的町家改裝成的建築物現在是免費休息處「横町麗館」。石造倉庫也用來作為畫廊。依當時樣貌留下的家中用品、欄間及門板都值得一看。

ACCESS 新幹線 金澤站搭乘巴士約1小時45分鐘（每天一班車）至白峰巴士站開始散步。由鶴來站搭乘巴士則約1小時。前往鶴來站：金澤站搭乘北陸本線約3分鐘抵達西金澤，前往鄰近之新西金澤站換乘北陸鐵道石川線約25分鐘。空路 自小松機場搭乘巴士約20分鐘抵達小松站，換乘北陸本線約25分鐘抵達西金澤（新西金澤）站。空路 自小松機場搭乘巴士約40分鐘抵達金澤站。 INFO 白峰觀光協會 TELL 076-259-2721 HP shiramine.info

chapter

5

關東・甲信越

KANTO / KOUSHINETSU

1 奈良井 118

2 川越 120

3 佐原 122

4 赤澤宿 124

5 真壁 126

6 桐生 128

7 鹽澤 132

8 栃木 134

9 小布施 136

10 妻籠 138

長野縣
Nagano

鹽尻市

奈良井

被稱為奈良井千家 日本最大的宿場町

奈良井仍有許多留著江戶時代面貌的民家和旅社等。戰後復興期，日本各地由於傳統建築物搬遷或者拆毀等問題終於受到矚目的昭和40年前後，就已經由官民學合作開始此處的保存運動，是保留城鎮的先驅。

純粹屬於中山道的宿場有67個，而奈良井處於從江戶或者從京都算過來都是第34處的正中央。由奈良井站前往鎮神社這條大約一公里長的路上都是旅社，

在這幾乎呈現直線的道路中央有被稱為「鍵之手」的轉角。那兒會有水場，是個能在那兒閒聊八卦的場所。原先是為了避免敵人一口氣入侵，藉此保護宿場的智慧。

是全日本最長的宿場。

城鎮整體現在也還會讓人覺得彷彿當年，特徵是仍有許多提供住宿服務的傳統建築物設施。也有許多販售蕎麥麵、甜點的餐飲店，可以用非常悠哉的心情在這幾乎是直線的一公里道路上散步。

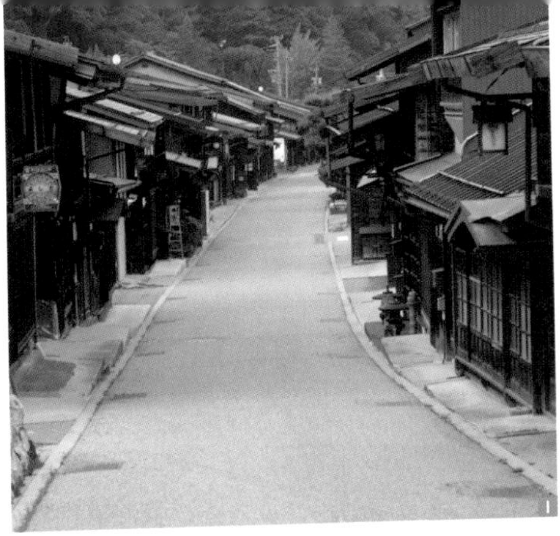

1 擁擠的建築物二樓就像是慢慢往上推出來一般。這種建造方式被稱為出梁造，燻黑的木板條以及雨遮等也都是奈良井旅舍的建築規格。
2 文政元年創業的老店旅館「伊勢屋」。江戶時代是經營被稱為下問屋的小規模問屋。可以投宿在此傳統奈良井式建築當中。

ACCESS 由奈良井站作為散步起點。前往奈良井站：新幹線 東京站搭乘中央線快速約15分鐘抵達新宿站後轉乘中央線特急約2個半小時抵達鹽尻，再換乘中央本線約25分鐘。新幹線 名古屋站搭乘中央線特急約25分鐘抵達木曾福島站轉接中央本線約20分鐘抵達。INFO 奈良井宿觀光協會 TELL 0264-34-3160
HP www.naraijuku.com

must

乳酸發酵與蕎麥麵結合

木曾地方有以往流傳下來的「SUNKI」。除了可以配飯以外，「SUNKI蕎麥麵」也是名產之一。這是讓大頭菜進行乳酸發酵製成，只有淡淡的酸味，沒有使用鹽巴卻有獨特風味。是只有這一帶才能吃到的特別食物。

由車站就能直接抵達，非常方便。道路大約長一公里，因此一小時就能夠來回。如果想去參拜神社、吃點東西、到河邊散散步，大概需要半天。

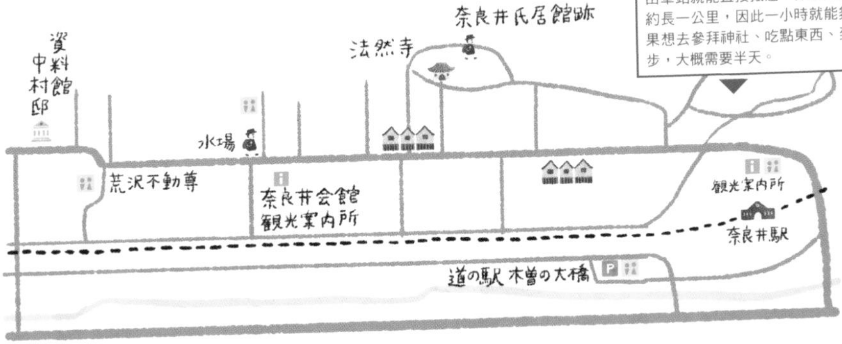

埼玉縣
Saitama

川越市

川越

每條路都想走走 擾動五感的小江戶

川越是有著小江戶暱稱、大家都覺得非常親近的城下町。由都心搭乘電車大約30分鐘抵達，眼前就是一片讓人感受到歷史魅力的景色。

「一番街」是整排藏造建築商家，正可說就是江戶街道。每次遇火災就重建，400年來都守望著這個城鎮的「時之鐘」的聲響被選為「希望保留的『日本聲音風景100選』」。明治初期以來就相當繁榮的「菓子屋橫

有許多獨特的看板

川越的象徵「時之鐘」是江戶時代初期用來告知城下街區時間的鐘塔。木造三層的平台高度約16m。每天會報時四次，分別是早上六點、正午、下午三點、下午六點。

川越散步的主要路線「藏造町並」。此處留下許多江戶時代建造的商家以及町家，也有許多咖啡廳和能夠邊走邊吃的店家。

丁」是小小甜點店的商店街。石板路上有模仿糖果做成的玻璃裝飾，相當可愛。那質樸的甜點香氣也被選為「氣味風景100選」之一。有著復古摩登風格的則是「大正浪漫夢通」，那兒是整排的土產店，還有日常生活用品的各式店家，有時候也會有人力車經過。

1 與「藏造町並」平行的「大正浪漫夢通」是復古摩登風格的建築區。除了越來越多的時髦咖啡廳和餐飲店以外，過往的喫茶店也都還活力十足的營業中。2「菓子屋通」小巷當中有許多零食點心與和菓子的店家，以及名產之一武藏野烏龍等，也有很多特色咖啡廳。

ACCESS 由本川越站或川越市站徒步約15分鐘，由川越站則需徒步25分鐘，或搭乘巴士約10分鐘抵達散步區域。前往本川越站：由新宿站附近的西武新宿站搭乘西武新宿線特急約45分鐘。前往川越市站：由東京站搭乘山手縣內回約20分鐘抵達池袋站，或搭乘東京地下鐵丸之內線約20分鐘抵達池袋站後，轉乘東武東上線急行約30分鐘抵達。前往川越站：由新宿站搭乘埼京線快速約50分鐘抵達。INFO 小江戶川越觀光協會 TELL 049-227-8233 HP www.koedo.or.jp

must

川越是地瓜天國！

川越過去曾趁著江戶烤地瓜風潮時增加生產量，因此成為一大產地。現在的生產量已經沒有那麼多，但文化仍然留存。在買土產和逛街的時候，也可以享用一些地瓜食品。

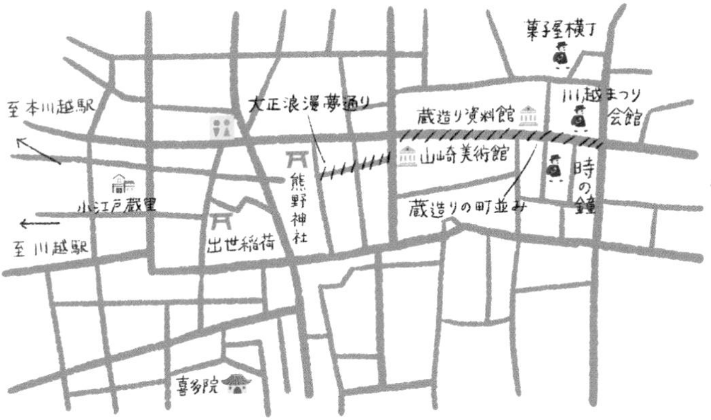

希望大家逛逛的知名道路有三條。可以吃點東西、購物、前往冰川神社或美術館等，能去的地方實在很多！要有完整的一天。

千葉縣
Chiba

香取市

佐原

「更勝江戶」的舊時樣貌與被歷史療癒的水鄉

江戶中期以後，佐原由於利用利根川的水運而得已發展為市鎮。其繁榮實在醒目，鼎盛時期還曾有和歌讚曰「若欲覽江戶，請往佐原去，佐原本町更勝江戶」。

明治過半以後由於鐵路發展、汽車貨運等普及，水鄉的工作也告一段落。但是河流沿岸的店家與那搖擺的柳葉風景，現在也還透露出江戶時代風情。

此處還有個特徵是有相當多

河邊的獨特雕刻

小野川與香取街道交錯處，因船運而繁榮的當時盛景仍在。

具備歷史的寺廟神社。大約兩千五百年前建立祭拜軍神而聞名的「香取神宮」，那一片綠意及朱色大門令人印象深刻。被水邊城鎮與自然包圍的神社寺廟，或許佐原整個城鎮都是能量景點呢。

1 就算船運已經不再重要，佐原也仍然因為商業及身為香取神宮門前町而不失繁華。走到街上到處可見明治至大正時代的復古摩登風格建築。2 一般城鎮中不太容易見到的乾貨店、醬油釀造所、榻榻米店等都還在努力經營。

ACCESS 由佐原站徒步約15分鐘抵達散步區域。前往佐原站：東京站搭乘高速巴士約1個半小時。羽田機場搭乘單軌電車約25分鐘抵達濱松町站轉搭高速巴士約85分鐘。新幹線 東京站搭乘總武線快速約1小時20分鐘抵達成田站轉乘成田線約30分鐘。空路自羽田機場搭乘單軌電車約25分鐘抵達濱松町站換乘高速巴士約85分鐘。空路 自成田機場搭乘京成本線特急約10分鐘抵達京成成田站（成田站）。INFO 水鄉佐原觀光協會 TELL 0478-52-6675 HP www.suigo-sawara.ne.jp

point

映照在水面的鳶尾花

水鄉佐原鳶尾公園當中，往年於5月下旬～6月下旬會舉辦鳶尾花祭。盛開時期光是眺望過去就令人不禁感嘆，甚至還有體驗搭船婚嫁的獨特行程。當然，就算不結婚也是能夠搭船繞行園內的。

船隻往來小野川大約花費30分鐘左右。徒步繞行的話大概安排半天左右。每年會有幾次舉辦公開名家寶物的「全町博物館」。

山梨縣
Yamanashi

早川町

寧靜洗滌心靈
祈禱之道宿場町

赤澤宿

日蓮宗總本山的身延山，以及祭祀有守護總本山七面大明神的七面山。位處連結這兩個聖地的道路「身延往返」上而得以繁榮的，便是曾為宿場町的赤澤宿。

江戶初期七面山解除限制女性入山的規範，因此許多人帶著祈禱而來。為了參拜，建立起講中宿（譯註：信仰集團住宿之處），據說曾經熱鬧到一天有千名旅客留宿於此。

隨著時代演變，來訪者也逐

在無法自由旅行的時代，唯有參拜神佛、前往靈山等參拜行為是受到允許的。建立起「講」這樣的集團，抱持一生唯有一次的覺悟前往祈禱之處，此地正是提供那些人留宿之處。

漸減少，但這獨具風情的景色仍在。位處山中因此街區高低不平，石板地坡道旁宿屋的樣貌簡直就像明信片一樣。讓自己彷彿一位江戶時代的旅客，忘卻日常的喧囂煩惱吧。

1 2 山中突然現身的聚落飄盪著寧靜氣息。即使不像有商業活動的宿場町那樣繁華，以往想必也有許多人而熱鬧萬分。而現在彷彿秘境一般，那樣的情境只存在想像之中。

point

招來福氣的花之里

自雪堆下探出頭來告知春日已近的花朵，其名本身就是帶來幸福長壽的花朵，因此相當受到喜愛，這就是福壽草。赤澤宿有福壽草的群生地，例年自2月中旬至3月上旬都能夠欣賞到這種可愛的花朵。

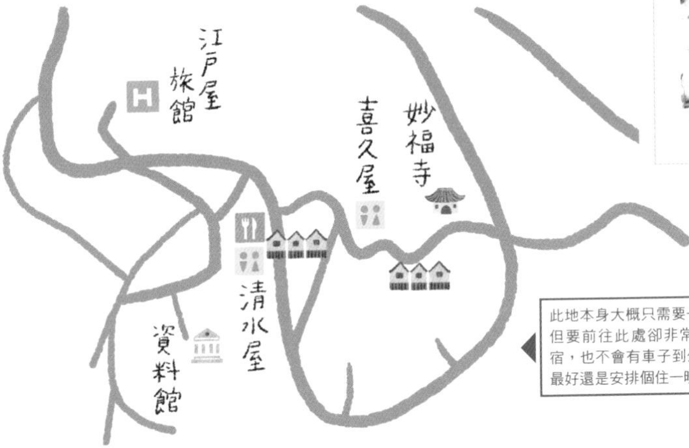

此地本身大概只需要一小時就能繞完，但要前往此處卻非常困難。如果不留宿，也不會有車子到公車站接送，因此最好還是安排個住一晚的悠閒行程。

ACCESS 下部溫泉站搭乘巴士約20分鐘；或身延站搭乘巴士約50分鐘抵達赤澤入口巴士站後徒步約50分鐘抵達赤澤宿。若預定要住宿，可以向住宿處預約車子來巴士站接送。前往下部溫泉站：新幹線 東京站搭乘中央線快速約15分鐘抵達新宿站轉乘中央線特急約1個半小時抵達甲府後轉乘身延線特急約40分鐘。前往身延站：新幹線 靜岡站搭乘身延線特急約1個半小時。**INFO** 早川町觀光協會 **TELL** 0556-48-8633 **HP** hayakawakankou.jp/archives/spot/akasawasyuku

茨城縣
Ibaraki

櫻川市

真壁

映照出時代流轉 濃縮歷史的城鎮

將近４００年前便整頓完成的街區留存至今，當中多樣化的建築物能讓人親身感受到時代變遷。

中世紀的真壁是以真壁城為中心的城下町。江戶初期則是將京都近畿一帶的木棉售往東北而成為商業都市。隨著交易主流轉為米、酒等物品，販賣形式也由市集轉為店面。城鎮由於曾受大火影響，後來建造起許多見世藏及土藏等建築物。進入明治以後商

真壁花崗岩打造、已登記為有形文化財的石碑

經營藥草、書籍等各式各樣生意的川島家。現在除了是書店以外，也是本城鎮的資料館。

人們接二連三蓋起了高雅的大門及矮牆。大正～昭和初期除了木造兩層樓的町屋開始增加，同時也有使用當地出產的「真壁石」打造石藏及西洋風格的建築。能讓人體會到歷史的多采多姿。

1 現存300多間見世藏以及土藏，當中有100多棟登記為國家的有形文化財。同時也夾雜有近代建築，因此城鎮本身就像是個建築物的歷史博物館。2 建築物為登記有案文化財的老店「村井釀造株式會社」也可以試喝酒飲。真壁的釀酒歷史也非常長遠，能夠見到許多個性獨特的酒藏。

ACCESS 自JR岩瀨站搭乘計程車約20分鐘，或租借腳踏車約60分鐘可抵達傳統街區。前往岩瀨站：新幹線 東京站途經小山站約2小時。 INFO 櫻川市觀光協會 TELL 0296-55-1159 HP www.kankou-sakuragawa.jp/page/page000141.html

point

街上會有雛人形迎接客人

初春有名產活動「真壁雛祭」。大約160間屋宅及店家都會擺出雛人形裝飾，整個城鎮都非常熱鬧。充滿可愛吊飾以及人偶的光景，搭配居民說唱接待客人，實在是令人開心的活動。

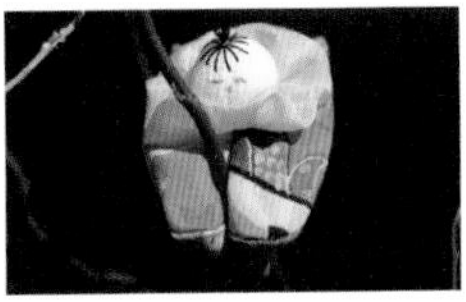

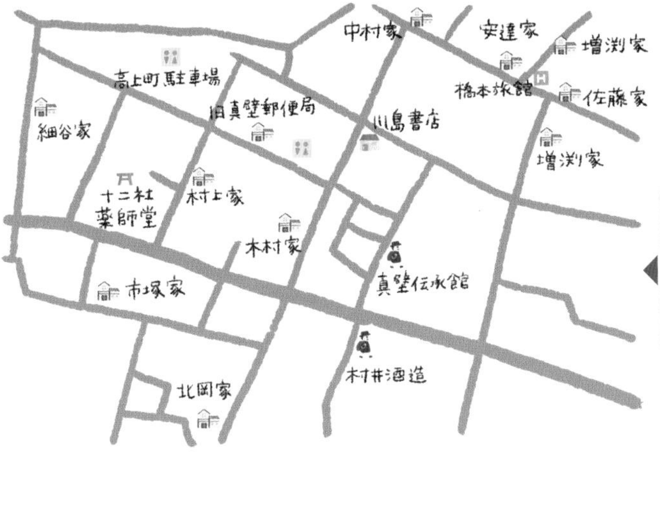

歷史性建築物大多集中在小區域當中。但有許多是只能看到外觀的，因此散步只需要半天。餐飲店之類的店家也不多。

「有鄰館」共有11棟用來釀造及保管酒、味噌、醬油的倉庫相連。那江戶時代起的宏大氣魄非常值得一看。除了免費開放參觀以外，也可以租借用來開演唱會或者辦活動。城市名字下方那張照片是本建築物的外觀，此照片是倉庫之一的內觀。

群馬縣
Gumma

桐生市

桐生

產業與生活結合 因紡織業而繁榮的「織都」

桐生以天滿宮為起點繁榮起來，因「日本機織處」而大名鼎鼎。歷史可以回溯到奈良時代。整個城鎮引進由京都西陣織學習來的技術，甚至被稱為「西之西陣、東之桐生」。

大正～昭和時代特別繁榮。由於採用機織因此有許多女工聚集於此，澡堂也是多到令人驚訝，是非常特別的城鎮。同時此地也仍留存江戶時代風情的歷史性建築物，當中還有文化財以及近代

1 2 磚瓦打造的建築物內部有著圓柱屋頂的建築物，活用作為「烘焙咖啡廳 磚瓦」大受歡迎。可以在天花板相當高而令人感到舒適的空間當中放鬆身心。若覺得菜單豐富難以選擇，就挑選以麵包作為器皿的紅酒燉牛肉和豬排三明治吧。

此處能夠看見使用磚瓦看來十分可愛的復古摩登建築物與厚重的藏造建築明顯對比。

遺產。

不管是厚重的歷史性建築物、復古摩登的近代遺產、還是給人懷舊氛圍感的建築物，有許多都已經被拿來活用，這點也令人感到開心。咖啡廳、活動會場、資料館等各式各樣的用途，也有現代公司在整修過後稀鬆平常使用的建築物。

過往原為機織工廠的圓柱屋頂建築物，大多都是１５０年前的東西。由於機織工作必須連工廠深處都要從天窗採光，為了打

有鄰館的倉庫之一。11個倉庫的建造年代稍有不同，因此建築規格的差異也十分有趣。

由近江商人發端的矢野家在桐生當地經手造酒、味噌醬油釀造、吳服商等各式各樣的事業。目前矢野本店仍然販賣茶、米、味噌以及當地農產品等，也活用有鄰館及倉庫，將其作為咖啡廳來經營。

造許多天窗，所以才會做出許多鋸齒狀的天花板。目前還留有200棟這樣的建築，當中也有繼續作為機織工廠使用的。

在天滿宮參拜道上營業的古民具古董市集原則上是在每個月第一個星期六舉辦，是關東三大古董市集之一。經常會出現一些與歷史城鎮感相符、彷彿挖掘出來的寶物一樣，因此總是盛況空前。

圓柱屋頂的小規模工廠成為受歡迎的甜點店。

must

沾取醬料的寬條沾麵

桐生的鄉土料理「HIMOKAWA烏龍」特徵是一種非常寬的麵條。有些店家的麵條甚至超過10cm寬！「田沼屋」有普通的白麵（白帶）與添加竹炭製成的獨特黑帶麵，點餐的時候請搭配湯、配料和麵條。

1 指定為國家登記有形文化財的群馬大學工學部同窗紀念會館。此一大正5年建築的復古摩登豪華建築物原先是高等染織學校的教室。其實也是和紡織品有關係的建築物。2 舊曾我織物工廠是大正11年的建築物。現在身為紅酒倉庫運作中。

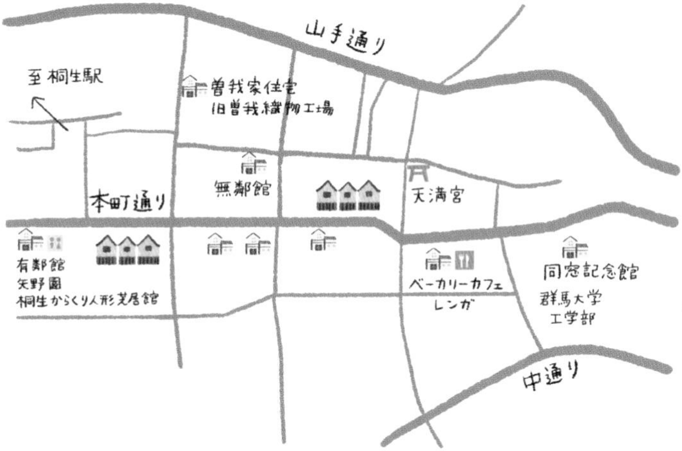

歷史性街區的範圍非常寬，也有很多咖啡廳及雜貨店，租腳踏車的話就可以玩耍半天～一天的城鎮。

ACCESS 由JR桐生站或上毛電鐵西桐生站徒步20分鐘左右就能抵達懷古街區。前往JR桐生站：由東京站經小山站或高崎站約2個半小時。自成田機場搭乘高速巴士約3小時。 INFO 桐生觀光協會 TELL 0277-46-1111 HP kiryu-walker.net

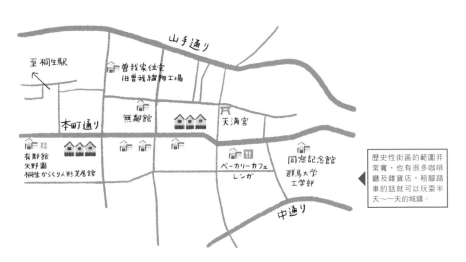

新潟縣
Niigata

南魚沼市

鹽澤

傳達江戶舊時面貌
古老而嶄新的雪之街

鹽澤宿自古以來是三國街道的宿場町，不過隨著時光流逝，來訪者也減少了。因此到了平成年間整頓了「牧之通」。這是以出身鹽澤的江戶時代文人鈴木牧之來命名的。山型的切妻屋頂與用來擋雪的雁木整齊排列，眼前就是江戶時代的街景。

2月會舉辦追思會「鹽澤雪譜祭」紀念描繪出雪國文化的牧之。在雪中點起500支蠟燭的光景實在非常夢幻。另外還有在

編織出鹽澤紬的蠶繭

日本屈指可數的米產地，到了5月就到處都能看見美麗的田地景色。

街道上展示雛人形的「雛雪見飾」、展示無形文化遺產紡織品——越後上布及日本三大紬之一鹽澤紬的「紬語」等等，魅力十足的活動也非常多。是嶄新而有著悠久歷史的城鎮。

1 牧之通上避雪的「雁木」整齊排列著。2 以「活用雪國歷史及文化的町造」為概念整頓後的道路獲得「都市景觀大獎」等獎項。也非常積極活用雪及紡織品等地區特色舉辦相關活動。

must

越光米的故鄉

越光米的由來是「於越之國閃閃發光的米」。而為了催生這款稻米進行試驗栽培的便是鹽澤。背負著產地名譽的「南魚沼產鹽澤越光」之名終於響徹全國。絕對不能沒吃到就離開！

ACCESS 由鹽澤站徒步5分鐘抵達散步區域。前往鹽澤站：新幹線 越後湯澤站搭乘北越急行HOKUHOKU線約20分鐘。空路 自新潟機場搭乘巴士約30分鐘抵達新潟站後轉乘上越 新幹線 約40分鐘抵達越後湯澤站。INFO 南魚沼市觀光協會 TELL 025-783-3377 HP m-uonuma.jp

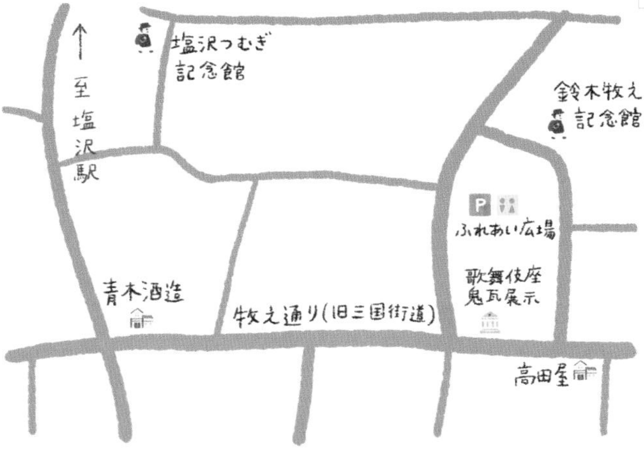

大概花兩小時左右能夠好好逛完。可以在「紬館」體驗紡織活動，建議也可以加上越後湯澤站的「PONSHU館」等一起規劃。

栃木縣
Tochigi

栃木市

栃木

小曲音調鯉魚優游
充滿江戶風情的商業都市

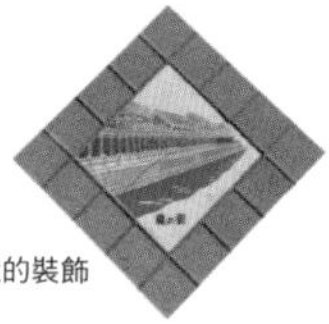
牆面上非常時髦的裝飾

栃木是日光例幣使街道的宿場町，也是與江戶交易的海運城鎮，被稱為「北關東的商都」，相當繁榮。這個城鎮的一部分以及支撐海運的巴波川沿岸一帶，現在被稱為「藏之街」，再次展現當年繁華。

正如其名，一整排見世藏以及土藏的景色，充滿能讓人回想起此處曾為問屋街的時代氣氛。完全能理解此處獲得「美麗城鎮大獎」的理由。另外也可以搭乘觀光船從巴波川上眺望街景。特產是船夫所唱的「栃木河岸船頭唄」。可以一邊打拍子在河流上搖擺著，就像是穿越到過往時光一般。

現存約400棟倉庫的街道上也有許多利用倉庫改造為餐飲店或者土產店的店家。

也可以參觀有著550多年歷史的舊家屋敷「岡田紀念館」。留存於約4000坪佔地上的倉庫當中展示著代代相傳的寶物。

1 栃木由於來自江戶的船運的商業而興起，倉庫使用當地產的大谷石、石灰及木材等建造，現存有許多樣式豪華的倉庫。2 江戶時代也曾為宿場町而相當繁榮的城鎮，還請務必穿梭其中一窺其面貌。3 被稱為「關東倉庫」的水與藏之城鎮，搭乘小船觀光也相當有趣。

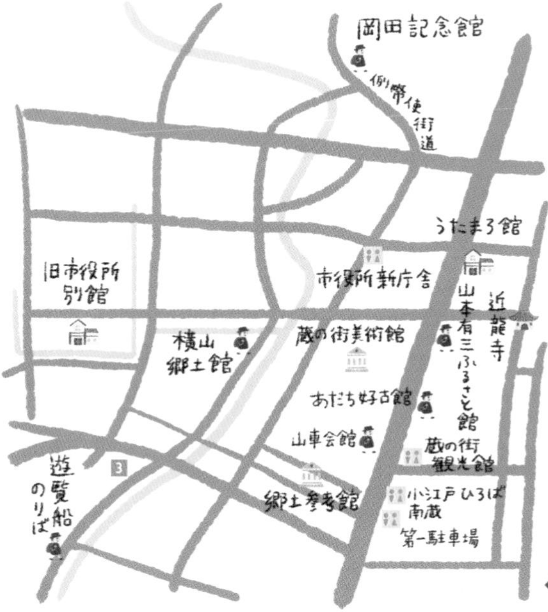

point

河上、溝渠裡及空中都是鯉魚！

栃木市的官方宣傳是「有鯉魚的城鎮、藏之城鎮」。縣廳的溝渠和巴波川中都有錦鯉，春天特別活動「巴波鯉魚旗」時巴波川上空會掛著一千多條鯉魚旗。河流邊的城鎮有鯉魚優游的情景實在風情萬種。

標準是半天行程，建議可以搭船慢慢繞一圈、或者吃點東西等，也可以參觀資料館、甚至在河邊欣賞夕陽美景。

ACCESS 由栃木站徒步10分鐘抵達散步區域。前往栃木站：新幹線 東京站搭乘京濱東北線或山手線內回約5分鐘至秋葉原站轉乘東京地下鐵日比谷線約10分鐘抵達北千住站。換乘東武特急約1小時。新幹線 小山站搭乘兩毛線約10分鐘抵達。

INFO 栃木市觀光協會 TELL 0282-25-2356 HP www.tochigi-kankou.or.jp

小布施町

小小城鎮有豐富文化
在小巷中迷路進歷史

小布施

小布施是長野縣最小的城鎮。此處在江戶時代是千曲川船運要地因此繁榮。也因為晚年的葛飾北齋相當喜愛此處而聞名，描繪此地的大多數作品都是城鎮中心「北齋館」的館藏。

北齋館的週邊是傳統興味與人們生活共存的街道。只要走進建築物旁的小巷，就有融入歷史的感覺。支撐這種小巷步行的，是小布施的「庭御免」文化。也就是「外面的東西就是大家的，裡面的東西才是自己的」這種觀念，因此家戶的庭院都對外開放。有時家主也會與客人稍微交流一下。是個會令人想要迷失其中，小而溫暖的城鎮。

有些留存下來的小巷也展現出此處過往曾為幕府直轄天領之地的風貌。

此地富豪高井鴻山邀請葛飾北齋來此，為此城鎮帶來文化。打造出一個建築物與倉庫都非常優美的民家城鎮。

1 有如磚瓦一般鋪設的栗木片及黑矮牆相當美麗的栗之小徑。2 高井鴻山紀念館還留有屋宅以及水井，展示鴻山自己親自動手繪畫的作品。3 繞行栗之小徑就能夠切身感受小布施整齊的街道樣貌。

慢慢繞一圈要半天。北齋館、高井鴻山紀念館及知名的栗之和菓子屋都聚集在栗之小徑的一角，相當方便。

point

色彩鮮豔的花之街道

小布施有庭院廣大的「Floral Garden小布施」和長達 4 km 有著整排八重櫻的美麗「千曲川河岸公園」等等各式各樣賞花之處。也有開放個人庭院的「open garden」，季節花卉妝點著城鎮。

ACCESS 由小布施站開始散步。前往小布施站：新幹線 長野站搭乘長野電鐵約35分鐘。 INFO 小布施文化觀光協會
TELL 026-214-6300 HP www.obusekanko.jp

南木曽町

妻籠

觀光開發與聚落保存的努力
中山道上最具過往面貌之處

江戸時代此處是中山道與伊那街道交接的交通要地，因此非常熱鬧，進入明治時代以後鐵路及道路都設在離聚落有些距離之處，因此妻籠也逐漸成為被遺忘的地方。在昭和經濟成長時期，傳統街區的保存受到重視，因此這兒也推廣起保存運動。居民遵守「不賣出、不借出、不破壞」三原則，將城鎮當成貴重財產來保護。目前也被認為是中山道上保存最為良好的宿場町。全長約

天皇或幕府高官住宿的「本陣」預備設施是「脇本陣」。妻籠的「脇本陣奧谷」是代代負責脇本陣工作的林家於明治10年建造的建築物留存至今，目前作為博物館開放，這裡也因為是島崎藤村初戀對象「阿冬」下嫁處而聞名。

有著過往氛圍、
仍在使用中的郵筒

800公尺的街道上，沒有任何給人現代感的設施。特產和土產也全部都是傳統物品。能邊走邊吃的東西是「五平餅」等，讓人覺得自己就像是名江戶時代的旅客。

1 宿場在幕府命令下必須打造得非常堅固，同時會刻意彎曲道路作成「枡形」好增加敵人入侵的困難度。2 宿場一天到頭會發生火災，因此有許多消防設施以及防止火災蔓延的手法。宿場當中水路都相當顯眼也是為此。

must

對材料有所堅持的點心

民謠「木曾節」中也歌詠此土地的產業是林業。照片中的甜點是將紅豆揉進卡斯提拉蛋糕當中包裹餡料及栗子，讓切口看起來像年輪一樣，這是「澤田屋」自豪的點心「木曾老木」。其他還有許多好吃又看起來相當有趣的點心。

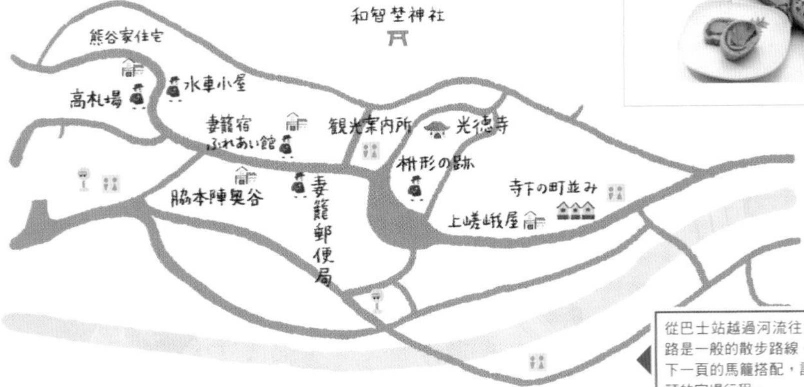

從巴士站越過河流往返約800m的道路是一般的散步路線。也建議可以和下一頁的馬籠搭配，計畫一個越過山頭的宿場行程。

ACCESS 由南木曾根站徒步約40分鐘，或搭乘巴士約10分鐘抵達妻籠宿。前往南木曾站：新幹線 名古屋站搭乘中央線特急約1小時。新幹線 東京站搭乘中央線快速約15分鐘抵達新宿站轉乘中央線特急約2個半小時抵達鹽尻後轉乘中央線約25分鐘。INFO 妻籠觀光協會 TELL 0264-57-3123 HP www.tumago.jp

column

以江戶時代旅人的心情
自妻籠宿前往馬籠宿

江戶時代的日本五街道之一——中山道69次由江戶的日本橋穿越長野連結京都三條大橋。中間穿越木曾谷南北共85公里長的木曾路上有11個宿場町。

自江戶風情最強烈的妻籠宿到下一站馬籠宿大約是8公里。穿越馬籠峠的道路有著適度的上下坡，非常有趣，而且是穿越長野縣來到岐阜縣的路線，也是非常受歡迎的登山路線。

時間大概需要兩小時。有路線圖示也有wifi熱點，就算是登山初學者也能輕鬆挑戰。中途有女瀧、男瀧，與兩個宿場都有深刻關連的作家島崎藤村所寫的「木曾路完全處於山中」風景至今仍在。

過了馬籠峠上坡以後，也有重現一個留存至今的江戶中期休息站，可以在那兒喝個茶休息一下。爬完標高801公尺的馬籠峠以後，下坡就是非常好走的嶄新道路了。

到達馬籠宿以後請先去觀光遊客中心。那兒會發給檜木製的步行完成證明書。馬籠宿是島崎藤村的故鄉。其老家已作為紀念館，還有他的家族墓碑所在之寺廟，有許多值得一看的地方。

馬籠宿與妻籠宿之間也有公車通行，如果要回到出發地，也可以搭公車回去。

chapter

6

北海道・東北

HOKKAIDO / TOHOKU

1 小樽 142
2 角館 144
3 弘前 146
4 大内宿 148
5 黒石 150
6 酒田 154
7 喜多方 156
8 村田 158
9 銀山溫泉 159

北海道
Hokkaido

小樽市

小樽

被海與山包圍的港鎮
隨運河做一趟時空之旅

小樽是由於處於開拓時代玄關口而繁榮的港鎮。包含市指定有形文化財「日本銀行舊小樽支店」等，到處都能看見復古建築物，不過最引人注目的還是運河沿岸的街道。首先到「運河ＰＬＡＺＡ」確認觀光資訊以及名產等再到街上去。目前已經卸職的運河旁整頓出散步用的道路，正適合提著相機散步。累了就進去那些明治時代倉庫改造修建的石造倉庫咖啡廳休息一會兒。

與小樽開拓歷史相關的「舊手宮線」線路留存的一角。也可以在鐵軌上拍紀念照。周邊也有許多小巧精緻的咖啡廳，是非常建議一窺的景點。

1 沒見過此景不能離開？運河的夕陽景色是非常受到歡迎的重要景點。比小樽運河觀光船還要浪漫。2 此處也是非常受歡迎的「童話路口」。綠色屋頂的音樂盒廳堂、非常有味道的蒸氣時鐘及常夜燈打造出復古城鎮。

接下來絕對推薦的就是要一覽夜間運河！逐漸浮現瓦斯燈光的街道，就像電影中的場景。迎著夜風可以享受彷彿回到那運河支撐著本城鎮生活的時代。

point

紅酒之鄉小樽

小樽是紅酒產地，有幾間酒廠，也可以與隔壁的余市搭配設計酒廠之旅。也有紅酒祭典等活動，能夠輕鬆購買、品嚐高品質紅酒。用餐或者挑選土產的時候可以特別留心一下。

ACCESS 自小樽站徒步約10分鐘抵達散步區域。前往小樽站：由札幌站搭乘快速機場線約35分鐘。函館本線則約50分鐘。空路 自新千歲機場搭乘快速機場線約45分鐘。INFO 小樽市觀光振興室 TELL 0134-32-4111 HP otaru.gr.jp

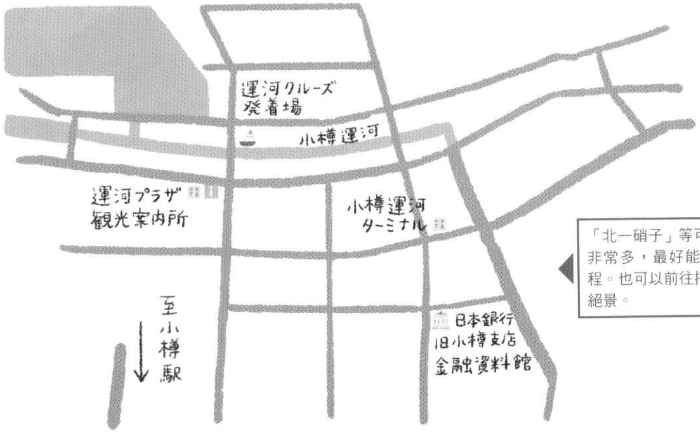

「北一硝子」等可看可吃東西的景點非常多，最好能安排完整一天的行程。也可以前往搭乘天狗山纜車欣賞絕景。

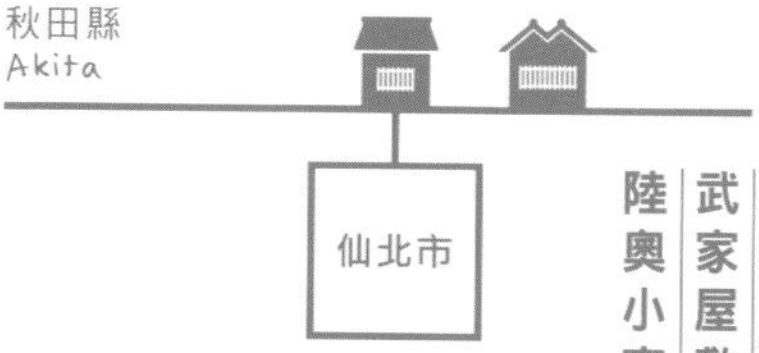

角館

武家屋敷建築列隊
陸奧小京都

角館在江戶時代是城下町而得以繁榮，因此能夠看見城鎮區劃的中心是被稱為「火除」的廣場。由火除往北是相當有風情的武家屋敷，南邊則是活力十足的町人町。

被指定為史跡及文化財的眾家屋仍列於「武家屋敷通」上。有廣大而莊嚴的大宅、也有茅草屋頂的小巧房屋。讓思緒耽溺於思考生活於該處的武士階級及生活也頗為有趣。當中的「石黑家」現在甚至還有直系子孫居住在那兒。也可以參觀內部，能夠沉浸於４００年的歷史當中。

在人、車、人力車往來的寬廣道路上，有整列以武家屋敷為首各種風情萬種的木造建築。

現在仍留有黑色矮牆與和風木格窗櫺、相當優雅的屋宅。

1 提到角館就會想到櫻花。種植在武家屋敷的枝垂櫻與檜木內川堤的染井吉野櫻都很棒。2 除了櫻花以外，紅葉也如此美麗。一排木牆與樹木色彩能夠使人體會四季變化。3 子孫居住在內但能參觀內部的「石黑家」，能讓人感受到融於歷史中的生活。

光是大概從外頭逛過武家屋敷通就需要至少三小時。也有許多有趣的餐飲店，如果想悠哉度過的話一天絕對沒問題。

must

米棒要吃味噌燒口味

秋田名產米棒是將壓碎的糯米飯包裹在免洗筷等木棒上拿去烤的料理。大部分的人知道這會用來做火鍋料裡的收尾，不過角館也經常享用味噌燒口味。燒烤味噌的香氣實在令人難以平白打從店門前走過。

ACCESS 自 新幹線 角館站徒步約15分鐘抵達散步區域。空路自秋田機場搭乘巴士約40分鐘抵達 新幹線 秋田站搭乘秋田 新幹線 約45分鐘抵達角館站。空路 自秋田機場前往角館可搭乘預約制的共乘計程車或搭乘約1小時的機場線也非常方便。

INFO 田澤湖角館觀光協會 TELL 0187-54-2700 HP tazawako-kakunodate.com

弘前市

弘前

由江戶街道走向洋館 浪漫的城下町

弘前是津輕十萬石城下町。以弘前城為中心，到處都留存著江戶時代侍町的風貌。另外也有許多各式神社寺廟值得一窺。彷彿包圍弘前城的「長勝寺」、「最勝院五重塔」、「誓願寺」據說是為了守護城與藩而建造的。

另一方面，這個城鎮也具備多棟洋館的摩登面相。這是由於在明治以後推動教育，積極招攬外國人教師。基督教也很早就傳到此處，因此建了許多包含教會在

仍留有江戶時代的城鎮區劃的侍町一角，縣重要文化財「舊岩田家住宅」。這應該是中級武士屋敷，就連佔地也維持當年樣貌的貴重遺產。

內的洋房。尖尖屋頂與裝飾塔等可愛特徵讓人忍不住盯著直看。江戶情趣與西洋風格，兩種浪漫共存的貪心城鎮。

1 擁有雪國特有雨遮「KOMISE」的貴重商家「石場家住宅」是重要文化財。現在是作為酒屋營業，可以一窺其厚重的內部構造。2 明治39年紀念日露戰勝而建造的建築物，在昭和6年以前作為弘前市立圖書館來使用。左右對稱的八角形塔非常惹人憐愛。

ACCESS 由弘前站搭巴士約15分鐘抵達弘前公園開始散步。前往弘前站：新幹線 新青森站搭乘奧羽本線約40分鐘。空路 自青森機場搭乘巴士約1小時。INFO 弘前觀光會議協 TELL 0172-35-3131 HP www.hirosaki-kanko.or.jp

must

尋找蘋果景點！

弘前的蘋果生產量是日本第一。在郵筒、道路反光鏡、下水道蓋等處都會出現蘋果圖樣。還請務必找找。累了的話也可以吃個蘋果派休息一下，也有蘋果派專用導覽手冊。

城鎮內有許多文化財建築物或者洋房內附設有咖啡廳。想瀏覽的建築物散落各處，也可以租借腳踏車。

福島縣
Fukushima

下鄉町

大內宿

接連茅草屋頂 有如童話世界的宿場町

西會津街道是江戶時代連結會津及下野（現在栃木縣日光市）的路線。其實西會津街道這個名字是住在關東人的稱呼，會津方面似乎是稱為「下野街道」或「南山通」。而在下野街道上扮演宿場町最大功臣便是大內宿。

稻草屋頂的城鎮就像是日本童話中的場景。以專業師傅為主，村裡的人也會同心協力更換稻草來維護景觀。如果想欣賞這個城鎮，就到山丘上的「大內見

能夠享受邊走邊吃東西樂趣的大內宿。將馬鈴薯與太白粉攪拌在一起之後去烤的「地瓜麻糬」或者「蕎麥粉丸子」、「饅頭天婦羅」等都可以試試，選擇眾多難以決定。

晴台」。春天有櫻花，夏季是深綠，秋時有紅葉，冬日為雪景……。幾乎讓人以為400年來景色從未改變，能夠欣賞相當質樸的美景。

1 看上去無論如何都非常難保養的稻草屋頂。聚落整體同心協力才能維護此一景色。每年9月防災訓練固定會做同步放水。2 醞釀出不同氛圍的雪景聚落。

must

宿場街「上鏡」的東西是蕎麥麵？

大內宿的名產是用生蔥代替筷子來吃的大蔥蕎麥麵。而且蔥只有一支，非常有魄力。略帶辛辣的蘿蔔湯與蔥能夠帶出蕎麥的甘甜。看來質樸卻拍起來上相、又能夠美味享用的料理。

ACCESS 自湯野上溫泉站搭乘巴士約20分鐘抵達大內下後徒步約5分鐘抵達大內宿。前往湯野上溫泉站：新幹線 郡山站搭乘磐越西線快速約1小時10分鐘抵達會津若松站換乘會津鐵道約40分鐘。空路 自福島機場搭乘巴士約40分鐘抵達郡山站。INFO 大內宿觀光協會 TELL 0241-68-3611 HP ouchi-juku.com

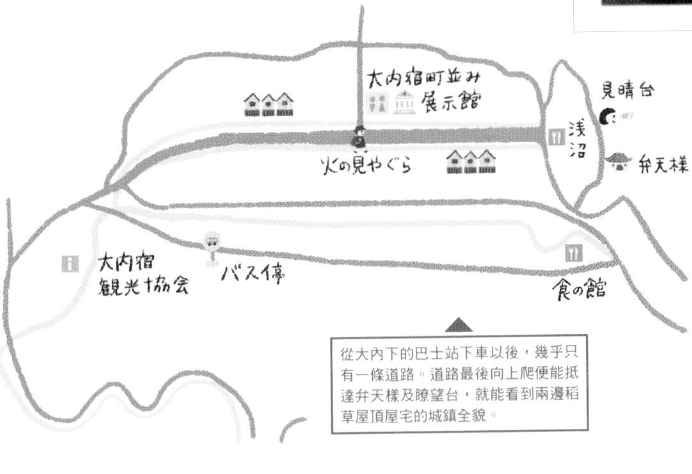

從大內下的巴士站下車以後，幾乎只有一條道路。道路最後向上爬便能抵達弁天樣及瞭望台，就能看到兩邊稻草屋頂屋宅的城鎮全貌。

有如雙層結構的小見世這種功夫，以及穩重結實的木造結構是因應此地長期積雪的氣候而打造出來的。

青森縣
Aomori

黑石市

黑石

享受祭典與自然 在小見世通上感受江戶氛圍

提到黑石這個城鎮，代名詞就是被名列日本街道百選的「小見世通」。「小見世」是指江戶時代的拱門。為了讓人在冬天積雪時期也能夠通行，街道兩旁的建築物都將屋頂延伸出來做成屋簷。以國家指定的重要文化財「高橋家住宅」為首，特產品店「小見世站」、老店酒屋等，街道上有各式各樣的店家。小見世的構造也非常獨特，正如「連綿不絕」敘述般一棟接著一棟，風

1 小見世通路上。理右衛門小路也有很多小巧精緻的咖啡廳和餐廳，也受到當地人的喜愛。2 中村龜吉酒造店那巨大的杉玉引人注目，建築物也值得一看。釀的酒也大多口味結實而受到好評。

小見世棟棟相連彷彿屋內也都是相連的一般，打造出非常獨特的街道。

情萬種。

到此也不能放過美麗的大自然。在秋季來訪的話就前往「中野紅葉山」。江戶時代由京都將種苗移植至此，因此這兒也被稱為「東北的小嵐山」。紅葉季節在晚上還會點燈，能夠欣賞莊嚴的山間夜景。

黑石是江戶後期一萬石的大名，不過在那以前有非常多樣化的歷史。最有趣的是領主非常獎勵「祭典」。這是為了增加人口，希望能將附近弘前的農民聚

被稱為小嵐山的中野紅葉山是秋季必定要前往拜訪的名勝。由黑石站搭乘巴士約30分鐘。紅葉時期要記得穿暖一些。

集來此。作戰成功！春天有騎馬、夏天有睡魔和盆踊祭典，都聚集了群眾前來此地，因此黑石領地才得以存活至今。

7～8月舉辦的黑石睡魔祭最令人開心的就是立體人形睡魔以及半圓形的扇形睡魔兩種都能看見。穿越漂蕩著江戶氣息的睡魔如夢似幻。

具備歷史而受人喜愛的街道，同時也名列具備美觀與機能性方能入選的「道之站百選」。

must

炒麵加湯？

黑石是個以炒麵聞名的城鎮。當地美食祭典B-1大賽當中最受矚目的便是以粗寬麵的製成的黑石炒麵淋上湯頭製成的「黑石湯炒麵」。起源店已經結束營業，後來有人將此失傳的口味復活。還請務必品嚐。

1 大正13年建造的「黑石消防團第三分團屯所」有著唐破風格屋簷的瞭望台，是相當引人注目的美麗建築物。
2 初代黑石領主於寶曆13（1763）年左右開始獎勵小見世式的街區結構以後，此種做法便開始廣為流行。在其它地區可能被稱為雁木。

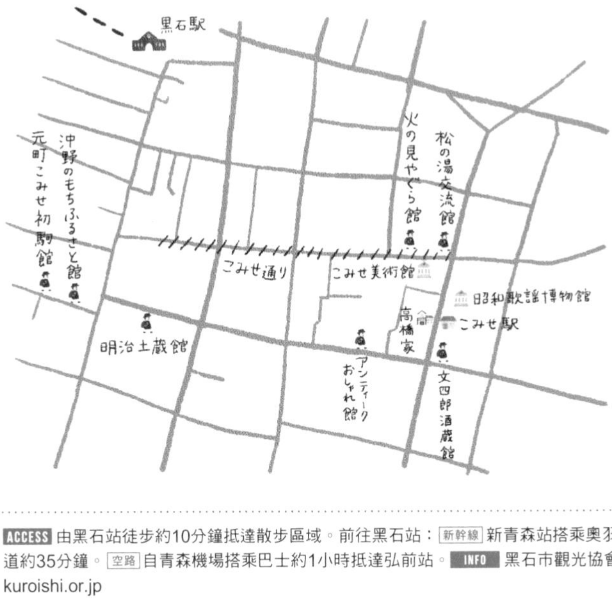

由車站大約5分鐘抵達小見世通。去個咖啡廳邊逛建築物，大概需要半天左右。如果還要去中野紅葉山，那就安排一天的行程。

ACCESS 由黑石站徒步約10分鐘抵達散步區域。前往黑石站：新幹線 新青森站搭乘奧羽本線約40分鐘抵達弘前轉乘弘南鐵道約35分鐘。空路 自青森機場搭乘巴士約1小時抵達弘前站。 **INFO** 黑石市觀光協會 **TELL** 0172-52-3488 **HP** kuroishi.or.jp

山形縣
Yamagata

酒田市

酒田

以「北前船之夢」打造的商人城鎮

這個港鎮曾經繁華一時，甚至被稱為「日本的中心」，秘密就在於北前船。這是連結江戶、大阪與北海道的商船，此處正是主要靠岸港。北前船並不是單純的貨物船，而是在靠岸港口上下販賣新貨物的移動商家。因此船隻聚集的酒田便成為財富聚集之地。

守護主要商品白米的「山居倉庫」現在仍然是相當活躍的農業倉庫。身為大商家支撐起此城鎮

拉麵是酒田文化之一

武家與商家混合在一起的建築物非常貴重。「本間家舊本邸」正像是講述商人繁華一時的酒田歷史一般的建築物。

的本間家在接待幕府派遣官員時建造的「本間家舊本邸」融合了武家屋敷與商人屋敷的風格，是非常獨特的結構。武家社會的時代商人們的「北前船之夢」仍然殘存此城鎮。

1 尖尖的屋頂有如圓木柱打造的齒列般排列的米倉。這兒也是NHK晨間連續劇「阿信」的舞台。2 眺望那一如過往的建築物以及最上川不曾改變的景色，實在令人身心舒適。

point

絕對的靈魂食物

山形的特產非常多樣化，當中最受當地人歡迎的就是芋煮（燉山藥）。秋天在各地河岸邊都會舉辦芋煮會。不同地方會使用不同的味噌、醬油調味，也會有豬肉、牛肉、蔬菜搭配等差異，也曾因為縣民之間口味不同而起過爭執呢！

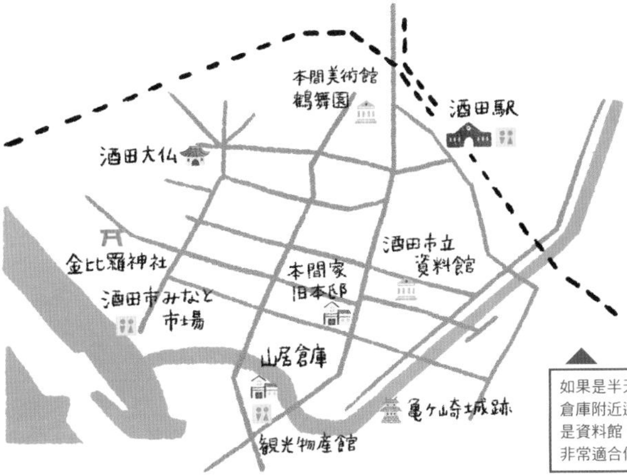

如果是半天行程，建議就在山居倉庫附近逛逛。倉庫也有一部分是資料館、物產館及咖啡廳等，非常適合做為散步基地。

ACCESS 自酒田站徒步約20分鐘抵達散步區域。前往酒田站：新幹線 新潟站搭乘白新線特急約1小時50分鐘。新幹線 仙台站搭乘高速巴士約3個半小時。新幹線 新庄站搭乘陸羽西線快速約1小時。空路 自庄內機場搭乘巴士約35分鐘。 **INFO** 酒田觀光物產協會 **TELL** 0234-24-2233 **HP** sakata-kankou.com

福島縣
Fukushima

喜多方市

喜多方

如今仍與生活息息相關 個性豐富的倉庫城鎮

週末時會有SL

「一娶媳婦、二得金孫、三建寶倉。」這是喜多方流傳的期許家族安康的曲調。聽了應該便能理解，對於此城鎮上的人來說，倉庫是非常重要又貼近生活的物品。想來也是理所當然，喜多方是個如今仍有許多倉庫繼續使用的城鎮。

除了酒藏、味噌藏、醬油藏以外，還有成為漆器師傅工作場所的「塗藏」、同時兼具與鄰家劃分用地的「塀藏」、能夠居住的「藏屋敷」等，有著各式各樣的用處。外觀上也有石灰泥壁或者磚瓦建造的，各有特色。也有許多店家、美術館或者工房等，能夠走進去瞧瞧的倉庫，實在令人流連忘返。

使用石灰泥牆及紅磚打造出瀟灑氛圍的藏造建築。這個城鎮裡有許多不同種類的倉庫，一邊散步一邊觀察有哪些材料、外型及建造方法也非常有趣。

喜多方地區常見的L型家宅「曲家」。以往馬廄與母屋是相連的。此建築保存在喜多方藏之里中。

1 城鎮代表的喜多方站表現出藏造風格。「SL磐越物語」進站的時候會聚集許多人。2 有44支圓柱相連而使拜殿相當壯麗的「新宮熊野神社」。此時有著鮮艷綠色的銀杏到了秋天便會染為一片金黃。3 既是歷史性建築物也是使用中的倉庫們。目前也逐漸轉為咖啡廳、工房等嶄新使用方式。

從車站出發的話，磚瓦倉庫是最一開始的景點。再往前就有許多有可看性的道路。建議可以花一整天在此遊玩。

must

在拉麵店吃早餐

喜多方有個奇妙的小習慣，就是一早便吃拉麵。這也被稱為「早拉」。會有這種習慣的理由眾說紛紜，不過口味清爽的喜多方拉麵還挺適合當早餐的。旅行的早晨還請務必挑戰看看。

ACCESS 由喜多方站徒步約10分鐘抵達散步區域。前往喜多方站：新幹線 郡山站搭乘磐越西線快速約100分鐘。INFO 喜多方觀光物產協會 TELL 0241- 24-5200 HP www.kitakata-kanko.jp

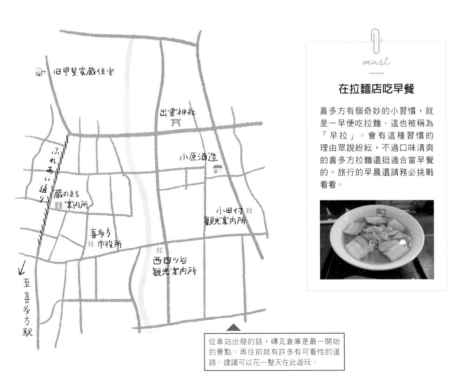

宮城縣
Miyagi

村田町

村田

上方文化與商家過往樣貌　童話融合在內的城鎮

村田町自江戶後期到昭和，在城鎮劃分上有許多商人而熱鬧萬分。京都、大阪培育出來的上方文化留存於各處，中心則是建造得非常結實的美麗倉庫迎接大家。留在此處的可不是只有倉庫而已。「白鳥神社」矗立著據說是大蛇變成、樹齡800年以上的藤樹；據說鬼在該處摔倒而留下手印「鬼婆扶手石」；從民家倉庫當中發現的鬼木乃伊等，鎮上到處都是零星的神秘傳說，令人回歸童心感到興奮不已。10月有「藏之陶器市」及「布袋祭」、3月有「町家雛巡禮」等風雅的活動。

租借腳踏車則可半天左右繞完景點。雖然坡道有點多，還請加油。或者散步藏通也可以悠哉度過半天。

1 一如以往街區連綿矗立的店家倉庫展現出過往榮華。
2 「村田町歷史未來館」。

村田町的入口處，町公所就是令人感到懷舊的風格。往藏通的方向走，會有種慢慢回到江戶時代的感受。

ACCESS 由大河原站搭乘巴士20分鐘抵達村田中央巴士站之後開始散步。前往大河原站：新幹線 仙台站搭乘東北本線約35分鐘。空路 自仙台機場搭乘仙台機場線約10分鐘抵達名取站後轉乘東北本線約20分鐘。INFO 村田町公所 TELL 0224-83-2111 HP www.town.murata.miyagi.jp/kanko

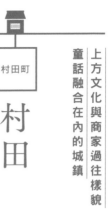

尾花澤市

銀山溫泉

悄然留存於山間 風情萬種的溫泉街

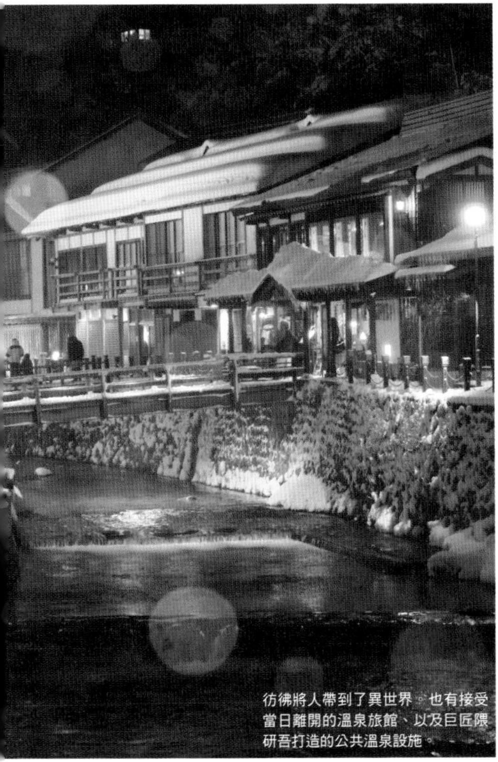

彷彿將人帶到了異世界。也有接受當日離開的溫泉旅館、以及巨匠隈研吾打造的公共溫泉設施。

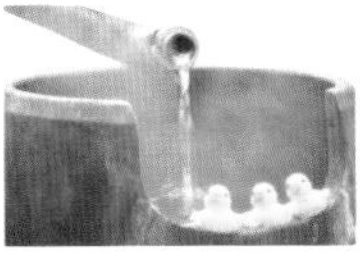

延澤銀山是江戶初期的三大銀山之一。據說銀山溫泉便是由礦夫們發現的。大正以後逐漸整理為溫泉城鎮，以木造旅館為中心繁榮了起來。那風情萬種的樣貌不管看哪兒都像幅畫。

晚上的溫泉街樣貌也千萬別錯過。據說此處是吉卜力動畫電影『神隱少女』的舞台原型，眼前是一片豪華卻又復古的風景。5～10月的星期六晚上會有花笠踊表演，讓街道更添華美風貌。

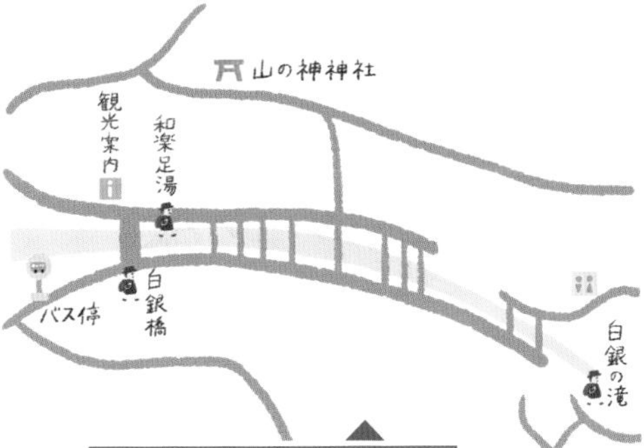

溫泉街大概一小時就能走完，但務必要看看晚上的氛圍。也有幾間能夠讓人沉浸在大正風情當中的咖啡廳，還請務必住一晚享受溫泉。

銀山川兩岸連綿的建築，是大正末期到昭和初期建造的洋風木造多層旅館。

ACCESS 新幹線 上野站搭乘高速巴士約7小時抵達尾花澤候車站後，轉車約30分鐘抵達銀山溫泉。或由大石田站搭乘巴士約15分鐘抵達尾花澤後換乘巴士約40分鐘抵達銀山溫泉。前往大石田站：新幹線 山形站搭乘奧羽本線約40分鐘。空路 自山形機場搭乘計程車約1小時。 **INFO** 銀山溫泉 **TELL** 0237-28-3933 **HP** http://www.ginzanonsen.jp

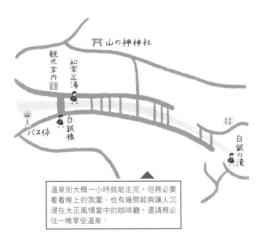

照片：出石（兵庫縣）

TITLE

日本懷古城鎮散步

STAFF

出版	瑞昇文化事業股份有限公司
編著	G.B. 株式会社
譯者	黃詩婷
總編輯	郭湘齡
責任編輯	張聿雯
文字編輯	蕭妤秦
美術編輯	許菩真
排版	二次方數位設計　翁慧玲
製版	明宏彩色照相製版有限公司
印刷	桂林彩色印刷股份有限公司
法律顧問	立勤國際法律事務所　黃沛聲律師
戶名	瑞昇文化事業股份有限公司
劃撥帳號	19598343
地址	新北市中和區景平路464巷2弄1-4號
電話	(02)2945-3191
傳真	(02)2945-3190
網址	www.rising-books.com.tw
Mail	deepblue@rising-books.com.tw
本版日期	2022年12月
定價	380元

ORIGINAL JAPANESE EDITION STAFF

撮影	土肥裕司
執筆協力	松下梨花子、鈴本 悠
イラストマップ	福岡麻利子
編集	稲佐知子
カバーデザイン	山口喜秀（Q.design）
デザイン	別府 拓、深澤祐樹（Q.design）
DTP	G.B. Design House

國家圖書館出版品預行編目資料

日本懷古城鎮散步 = Old town tour of Japan/G.B. 株式会社編著；黃詩婷譯. -- 初版. -- 新北市：瑞昇文化事業股份有限公司, 2021.10
160面；14.8x21公分
譯自：全国むかし町めぐり
ISBN 978-986-401-519-1(平裝)
1.旅遊 2.古城 3.日本

731.9　　110014729